PROSPECTUS

LE LIVRE
DU COMPAGNONNAGE

PAR

AGRICOL PERDIGUIER

5 fr. 50 les deux volumes, avec 17 lithographies.

Il y a dix-huit ans que, dans la pensée de mettre tous les Compagnons en paix, le *Livre du Compagnonnage* mis au jour; la tentative fut des plus heureuses; Tour de France perdit toutes ses rigueurs; le sang a rosa plus la poussière de nos routes, les pavés de n rues. — Plus de combats nulle part... ce fut une nouvelle. Le *Livre du Compagnonnage*, épuisé dep six à sept ans, vient de reparaître en deux jolis volun ornés de dessins, et voici la table de ses princip matières :

TOME PREMIER.

TOME SECOND.

...logue sur la lecture, avec indication de bons livres ;
...logue sur la versification, pour apprendre aux Compagnons
à bien mesurer leurs vers ;
...logue sur le système métrique, et comparaison des an-
...iennes et nouvelles mesures ;
...logue astronomique ;
...logue moral et religieux ;
...que le Compagnonnage a été, ce qu'il est, ce qu'il doit être ;
...pitre des rectifications.

La troisième édition du *Livre du Compagnonnage* est
...niment plus complète que les éditions précédentes ;
...y trouvera beaucoup de morceaux ajoutés, et le nom-
...e des chansons de Compagnons s'élève maintenant à
...t vingt-six. Le *Livre du Compagnonnage* est instruc-
...utile, sans cesser d'être amusant ; c'est un livre de
...ille, qu'on peut toujours consulter avec fruit... c'est
...chansonnier des Compagnons, le manuel de l'ouvrier,
...es hautes classes ne le liront pas sans intérêt et sans
...ouver peut-être quelque émotion.
...Le *Livre du Compagnonnage*, 2 beaux volumes or-
...de 17 lithographies, dont neuf représentent des Com-
...nons avec leurs insignes coloriés, est coté 3 fr. 50 ; le
...s bas possible ; afin que chaque ouvrier ait la faci-
...de s'en rendre possesseur. Il y a quelques exemplai-
...coloriés à fond, ils se vendent 6 fr. Puissent les tra-
...leurs, auxquels on n'a jamais cessé de penser, lire
...*Livre du Compagnonnage*, et le méditer... ils y pui-
...ont de nombreuses connaissances, et leur moral s'en
...uvera bien... Puissent les gens de toutes les condi-
...ns, tous les cœurs sensibles et bons, ne point le dé-
...gner, l'étudier, s'en pénétrer, et seconder la pensée
...l'auteur, qui est toute bienveillante. Le *Livre du*
...*mpagnonnage* a puissamment agi sur l'esprit, sur le
...ur des Compagnons ; néanmoins il n'a pas encore pro-
...t tous ses fruits, il doit les produire.

LIVRE DU COMPAGNONNAGE, 2 volumes ; 3 fr. 50 c.
Chez FERDIGUIER, éditeur, rue Traversière-St-Antoine, Nº 38,
PARIS.

NOTA. Pour recevoir les deux volumes par la poste et francs de port, ajouter
...times au prix d'achat.

Paris. — Typ. Lacour, rue Souffot, 18.

LE LIVRE

DU COMPAGNONAGE.

Paris. — Imprimerie de Beaucé et Lessaurt, rue d'Enghien, ·

LE LIVRE

DU COMPAGNONAGE

Paris. — Imprimerie de Schneider et Langrand, rue d'Erfurth, 1.

LE LIVRE

DU

COMPAGNONAGE.

CONTENANT

DES CHANSONS DE COMPAGNONS,
UN DIALOGUE SUR L'ARCHITECTURE,
UN RAISONNEMENT SUR LE TRAIT,
UNE NOTICE SUR LE COMPAGNONAGE,
LA RENCONTRE DE DEUX FRÈRES,
ET UN GRAND NOMBRE DE NOTES, PARMI
LESQUELLES ON PEUT EN CITER UNE
SUR LES SALAIRES ET UNE SUR
LES GRANDS HOMMES;

Par AGRICOL PERDIGUIER,

DIT AVIGNONAIS LA VERTU,
COMPAGNON MENUISIER.

PARIS,

CHEZ L'AUTEUR,
RUE DU FAUBOURG SAINT-ANTOINE, 104.
AU FOND DE LA COUR DE LA MAISON MAINGUET, AU PREMIER.

1840.

AUX
COMPAGNONS

DU TOUR DE FRANCE,

AUX ENFANTS DE SALOMON.

— · —

MES CHERS PAYS ET AMIS,

Permettez-moi de vous entretenir un moment de choses passées.

En 1834, trente-trois Compagnons de Paris voulurent bien souscrire pour faire imprimer mon premier cahier de chansons, qui fut tiré à cinq cents exemplaires, et envoyé, gratuitement vous le savez, sur tout le Tour de France. Les anciens et les nouveaux membres de notre Société virent, pour la première fois, de telles chansons en lettres moulées. Cette nouveauté eut des contradicteurs et des approbateurs ; c'était tout ce qu'on pouvait désirer.

En 1836 je proposai derechef aux Compagnons de Paris de faire imprimer mon second

1

cahier. Cette fois j'eus soixante et un sou-scripteurs ; il put être tiré à treize cents exemplaires ; il fut répandu comme le premier et avec plus de profusion.

Mais voilà déjà longtemps que ces envois ont été faits ; les Compagnons qui en profitèrent sont retirés dans leurs pays. Le Tour de France ne voit donc que rarement de ces cahiers. Il a été question de les faire réimprimer tous deux ensemble, et, en y ajoutant un dialogue sur l'architecture, un raisonnement sur le trait, une notice sur le compagnonage, la rencontre de deux frères, et quelques chansons et notes nouvelles, de former un volume de quelque étendue. Les Compagnons de Paris, par des raisons que l'on comprendra, ne pouvaient faire encore seuls ce qu'ils avaient déjà fait deux fois. Je me suis donc adressé à vous, mes chers pays du Tour de France, vous m'avez compris, vous avez, de toutes parts, répondu à mon appel. Ce que nous ne pouvions faire seuls, nous le faisons avec votre secours. Cet empressement à me répondre prouve que mes faibles essais ne vous ont pas déplu ; cela prouve encore que, si les Compagnons de la capitale veulent le progrès et le règne de la raison dans le compagnonage, les Compagnons des provinces ne sont pas plus en arrière et veulent la même chose.

Quelquefois les journaux, avec de très-

bonnes intentions sans doute, ont voulu
nous éclairer; mais, vivant loin de nous,
ignorant nos habitudes et notre manière de
sentir, ils ont pu nous choquer, et leurs
meilleures paroles ont cessé d'avoir de l'em-
pire sur nous.

C'est aux Compagnons qu'appartient vraiment de se faire comprendre des autres
Compagnons. Que ceux qui sont plus avan-
cés appellent à eux ceux qui le sont moins.
Depuis quelques années nous avons marché,
vous le voyez, et nous n'en sommes nullement fatigués : que les Compagnons du
Devoir en fassent autant que nous; qu'ils
répandent des écrits salutaires, des idées
de progrès dans leurs sociétés. Il ne s'agit
pas d'aller vite; mais nous sommes dans un
temps qui ne permet pas de s'arrêter. Il faut
donc nécessairement avancer, ou s'attendre,
dans un avenir plus ou moins reculé, à une
chute complète.

Vous m'accordez votre confiance et votre
appui; les journaux mêmes, entre autres
le *Courrier Français*, le *Bon Sens*, le *Cha-
rivari*, le *Journal du Peuple* et l'*Intelligence*,
considérant mes intentions, m'ont donné
des encouragements. Si des malheurs variés
et nombreux ne m'eussent assailli, s'ils ne
m'eussent pris tout mon temps et livré à la
faiblesse et au découragement, je ne serais
certes pas resté jusqu'à ce jour sans me faire

entendre; car je n'entreprends jamais une chose que je crois utile et juste sans y employer tous mes moyens et toutes mes forces.

Enfants de Salomon, je vous ai fréquentés un bon nombre d'années, et vous avez appris à me connaître. Vous saviez que mes intentions étaient pures, qu'elles ne tendaient qu'au bien, que j'aurais voulu voir tous les hommes heureux. Puisse ce livre, un peu tardif, vous assurer que mes souffrances n'ont pas changé mon cœur et mes sentiments, que je suis, que je serai toujours le même.

Si dorénavant un temps meilleur me le permet, toujours inspiré, toujours mu par des idées de justice et de fraternité, je produirai quelques chants nouveaux; qu'ils soient, s'il se peut, dignes d'un siècle avancé; et ces chants vous seront adressés.

En attendant puisse l'ouvrage que je vous offre aujourd'hui, satisfaire votre goût et votre raison.

Je suis votre tout dévoué,

AVIGNONAIS LA VERTU.

—

Tous les Compagnons dont les noms suivent m'ont accordé leur confiance. C'est avec eux et par eux que l'impression de ce livre a pu se faire.

COMPAGNONS ET AFFILIÉS DE PARIS

ÉTABLIS ET NON ÉTABLIS.

MACHABÉE *dit* Avignonais, La Sagesse (1). C.. P.. de 1787.

GRÉGOIRE *dit* Lyonnais, Sans Rémission (initié).

BELLOT *dit* Clermont le Cœur Sincère (initié).

BONIFAY *dit* Nantais, Le Cœur Fidèle (initié).

FOUCAUD *dit* Nantais, La Fidélité D∴ G∴ T∴ de Marseille en 1818.

LOQUIFIÉ *dit* Bordelais, Le Décidé. C.. P.. T.. de Toulouse en 1814. D∴ G∴ T∴ de Montpellier en 1817.

ROUSSILLON *dit* Vivarais, Le Solide. D∴ G∴ T∴ de Monpellier 1821.

(1) Dans un grand nombre de Sociétés les Compagnons portent des surnoms. Ainsi, par exemple, La Fleur, Le Solide, La Sagesse, La Rose, Le Décidé, Le Bien-Aimé, La Violette, etc., etc. Beaucoup de gens disent : « Il est ridicule qu'outre le nom de famille et celui que l'Eglise a consacré, les Compagnons portent un troisième nom qu'ils se donnent eux-mêmes. » J'y consens ; mais nos rois de France ne sont-ils pas, eux, des Hardi, des Bien-Aimé, des Gros, des Grand, des Désiré, des Clément, etc. ? Ainsi, s'il y a ridicule chez les uns, il y a évidemment ridicule chez les autres ; car les surnoms qu'ils portent sont équivalents quand ils ne sont pas les mêmes : la seule différence est en ce que les uns les reçoivent de leurs égaux ; les autres de leurs esclaves le plus souvent.

1.

Mazet *dit* Maconnais, l'Ami des Arts. D.·. G.·. T.·. de Montpellier en 1822.

Verdunes *dit* Rouergue, La Fidélité C.·. P.·. T.·. de Rochefort 1822, D.·. G.·. T.·. de Nantes 1823.

Perdiguier *dit* Avignonais, La Vertu. D.·. G.·. T.·. de Lyon en 1828.

Joubert *dit* Blois, l'Ami des Arts. P.·. C.·. P.·. de Béziers 1835. D.·. G.·. T.·. de Marseille en 1837 (à Romorantin).

Grossiord *dit* Bugiste, Le Cœur Fidèle.

Salles *dit* Sommières, La Victoire.

Jacquet *dit* Saint Peray, Le Cœur Fidèle.

Core *dit* Vivarais, La Fleur de Laurier.

Armery *dit* Clermont, Le Bien Aimé.

Chanona *dit* Nantais, Le Cœur Aimable. Officier au 35me.

Pelissier *dit* Narbonne l'Espérance.

Minas *dit* Bordelais, Le Triomphe d'Amour.

Romanet *dit* Dauphiné, Prêt à Bien Faire.

Courane *dit* Châlonnais, Bon Accord. P.·. C.·. P.·. de Marseille 1826.

Piacet *dit* Suisse, Le Laurier. C.·. P.·. T.·. de Rochefort 1829.

Limaux *dit* Châlonnais, Le Cœur Aimable.

Laviollete *dit* Limousin, Franc Cœur du Beau Tour de France.

Miraud *dit* Bayonnais, l'Espérance.

David *dit* Rouergue, La Belle Conduite.

LEBRETON *dit* Vannois, Le Corinthien.
CAUSSAT *dit* Bordelais. Le Cœur Constant. P.. C..
 P.. d'Auxerre 1833.
DIVIÉS *dit* Carcassonne, Bon Accord P.. C.. P..
 d'Avignon 1834.
CHEZE *dit* Limousin, Va de Bon Cœur.
ABADIE *dit* Gascon, Bon Accord.
ROCHE *dit* Vivarais, La Palme des Beaux Arts.
 P.. C.. P.. d'Auxerre 1835.
RIEUSSET *dit* Toulousain, Le Bien Aimé.
SOULCIER *dit* Bedarieux, l'Exemple de la Sagesse.
FOULON *dit* Gascon, l'Ami des Arts.
CHABOCHE *dit* Beauceron, La Sagesse.
ROUSSEAU *dit* l'Angevin, l'Amour Fidèle. P..
 C.. P.. de Châlons 1838.
ROBERT j. *dit* Montpellier, La Réjouissance.
PERLAT *dit* Béarnais, l'Ami des Arts.
RUL *dit* Rouergue, Le Résolu.
VALLADIER *dit* Vivarais, La Belle Conduite P..
 C.. P.. d'Auxerre 1838.
TONGAS *dit* Bedarieux, La Belle Conduite.
MARSANG *dit* Provençal, Le Résolu. P.. C.. P..
 d'Auxerre en 1837.
LAPLAGNE *dit* Béarnais, La Clef des Cœurs.
VIDAL *dit* Béziers, l'Enfant du Génie.
BEUNE *dit* Avignonais, Le Prudent.
HUGUENIN *dit* Vaudois, Le Décidé.
HORACE *dit* Chambéry, La Palme de la Gloire.
CIÉCHOMSKI *dit* Varsovien, l'Espérance.
GILLET *dit* Avignonais, Le Bien Aimé du Beau
 Tour de France.

LACOMBE *dit* Périgord, Le Cœur Fidèle.

THEVENO *dit* Clermont, Le Laurier d'Honneur.

RAULT *dit* Saint Brieuc, Le Prudent.

RALLIER *dit* Vanois, l'Ami du Trait.

SEPTÉPÉE *dit* Dauphiné, l'Estime des Vertus.

BROUSSOUS *dit* Rouergue, l'Estime des Vertus du Tour de France.

MASSON *dit* Languedoc, Le Modèle de l'Amitié.

ROBERT *dit* Montpellier, La Lyre d'Amour.

JOUVAL *dit* Provençal, Le Cœur Fidèle.

PERIN *dit* Provençal, Le Corinthien.

VIDAL *dit* Florensac, La Belle Conduite.

ANASTAY *dit* Languedoc.

TOREL *dit* Saintonge.

MOCHET *dit* l'Angevin.

MALLANFANT *dit* Beauceron.

SOULARD *dit* Saintonge.

TOURTIN du Languedoc.

GENET *dit* Beauceron.

LAIGRE *dit* Manceau.

SABATIER *dit* Languedoc.

AIMARD *dit* Clermont.

HYPOLITE Malet de Tournon (Ardèche).

SANIAL *dit* Vivarais.

FORTUNÉ CAUSSE *dit* Gévaudan.

MARIN *dit* Bourguignon.

VICTOR BRETON *dit* Vendôme (S).

COMPAGNONS ET AFFILIÉS D'AUXERRE.

CERAL *dit* Piémontais, Le Soutien du Devoir de Liberté P.. C.. P.. d'Auxerre 1839.

CHARRON *dit* Manceau, Prêt à Bien Faire.
COMBES *dit* Bédarieux, Bon Accord. S.. C.. T..
   d'Auxerre 1839.
SACRÉ *dit* Poitevin, Le Bien Aimé du Beau
   Tour de France.
POUTEUR *dit* l'Angevin, Le Résolu.
SÉELO *dit* Lorient.
AURAN LOUIS *dit* Avignonais.
CASTÉLAN FRANÇOIS *dit* Carcassonne (S).
DORIÈRE PIERRE *dit* Clermont.
MOUSSI JEAN CLAUDE *dit* Lyonnais.
BONHOMME LOUIS *dit* Bressan.
SAVALLE EMILE *dit* Normand.
CHAMPAIN *dit* Lyonnais.
MILEROT *dit* Bourguignon.

MAITRES.

ACHARD *dit* Bourguignon, Le Cordon Bleu C..
   P.. T.. d'Auxerre en 1811.
BARNECHE *dit* Bordelais La Prudence. P.. C..
   P.. d'Auxerre en 1837 (initié).
LEFAIX *dit* Rennois, La Prudence. S.. C.. T..
   de Béziers et de Montpellier en 1833 et 1834.
LATOUR *dit* Bigorre, La Belle Conduit.. P.. C..
   P.. d'Auxerre en 1839.
GAGNE ROBINO *dit* Meze, Le Décidé.

COMPAGNONS DE CHALONS-SUR-SAONE.

DUPAIN *dit* l'Agenais, Le Flambeau d'Amour,
   P.. C.. P.. de Châlons 1839.

Bourdeau *dit* Avignonais, Le Cœur Fidèle. C..
P.. T.. de la Rochelle 1835 (initié).

Arbus *dit* Volerogue, La Belle Conduite du
Beau Tour de France P.. C.. P.. de Châlons
en 1836.

Rinquet *dit* Bugiste, La Palme des Arts. P..
C.. P.. de Châlons en 1837.

Baygetto *dit* Piémontais, l'Espérance. P.. C..
P.. de Tours en 1838.

Bancillon *dit* Gevaudan, Sans Façon. P.. C..
P.. de Châlons 1838.

Chalmeton *dit* Vivarais, Le Laurier d'Honneur.

Hymeyrac *dit* Querci, Bon Accord.

Toulouse *dit* Vivarais, Franc Cœur.

Pelléesnir *dit* Vivarais, La Belle Conduite.

Laurentis *dit* Toulousain, La Douceur.

Maitres.

Goutille *dit* Châlonais, l'Estime des Vertus.
D.·. G.·. T.·. de Lyon 1833.

Cornetto Vagner *dit* Piémontais, l'Estime des
Vertus. C.. P.. T.. de Châlons 1835.

Valo

COMPAGNONS ET AFFILIÉS DE LYON.

Menuisiers.

Valantin *dit* Vivarais, Bon Accord. P.. C.. P..
de Chartres 1838. D.·. G.·. T.·. de Lyon
1839.

Renois Armand *dit* Brestois, Sans Façon. P..
C.. P.. puis D.·. G.·. T.·. de Montpellier,

ayant T. N. 3 fois les A F.. R.. dans la même ville.

BALLET *dit* Bugiste, Le Cœur Sincère. P.. C.. P.. de Nîmes 1834. D.·. G.·. T.·. de Bordeaux, 1836, ayant T. N les A F.. R.. à Lyon 1839.

BARBIER *dit* Dauphiné, Le Flambeau d'Amour. S.. C.. T.. de Lyon 1839.

DARDIER *dit* Saint Affrique, La Réjouissance.

GRUEL *dit* Bugiste, Le Bien Aimé du Beau Tour de France. P.. C.. P.. de Toulouse 1834.

VIGNERE *dit* Bressan, l'Ami de La Gaieté. P.. C.. P.. de Bordeaux 1838.

N. BOURGEOT *dit* Châlonais, l'Enfant de La Belle Espérance. S.. C.. T.. de Lyon 1839.

RONDEAU *dit* Tourangeau, Le Bien-Aimé.

FOUNEAU *dit* Toulousain, La Franchise.

GAUTIER *dit* Dauphiné, l'Union. P.. C.. P.. de Nîmes 1838.

GODFIRNON *dit* Tourangeau, La Franchise.

BOYER *dit* Alaïs, Franc Cœur.

ANDRÉ *dit* Nantais, l'Ami de La Gaieté.

VILLEPREUX *dit* Bourbonnais, l'Estime des Vertus.

AUGOIRAUX *dit* Château-Renard Le Bien Aimé.

MOLLARD *dit* Bugiste, La Couronne d'Amour.

COUTEAULA *dit* L'Agenais, l'Ami de La Liberté.

SICHO *dit* Bauceron, Le Bien Aimé.

LE COMPTE *dit* Percheron, Bon Accord.

HULAIRE *dit* Suisse, La Bonne Conduite.

ABADIE *dit* Gascon, l'Ami de l'Union.

Couleaud *dit* Vivarais, La Prudence.
Brunerau *dit* Bordelais, l'Ami de l'Union.
Lésac *dit* Languedoc, Le Cœur Fidèle.
Priaur *dit* Rennois, Franc Cœur.
André *dit* Chambéry, Sans Crainte.
Balmadie *dit* Gévaudan.
Bernard Martin *dit* Gascon.
Coriat *dit* Vivarais.
Malin Michel *dit* Dauphiné.
Pierre Roycé *dit* Dupuy.
Biolet *dit* Vivarais.
Roch *dit* Chambery.
Fourneron *dit* Vivarais.
Bruny *dit* Provençal.
Gentillaume *dit* Dauphiné.
Guillot Napoléon *dit* Dauphiné.
George *dit* Dauphiné.
Claude Royer *dit* Vivarais.

MAITRES MENUISIERS.

Sixte *dit* Lyonnais Belle Cour (initié).
Sauvageon *dit* Lyonnais l'Ami du Trait, P..
    C.. P.. d'Avignon 1824 (initié).
Cognier *dit* Vivarais l'Aimable Tour de France.
Valete *dit* Vivarais Le Cœur Prudent (initié).
Suipeert *dit* Languedoc La Couronne de Laurier.

COMPAGNONS ET AFFILIÉS SERRURIERS.

Gaudard *dit* Blois, l'Ami des Arts, P.. C.. P..
    de Lyon, 1839.
Auriol *dit* Toulousain La Fidélité S.. C.. T..
    de Lyon 1839.

OLIVIER *dit* Languedoc, Le Bon Cœur.
JOSEPH *dit* Lorrain.
BLANC *dit* Vaudois.
BOUDON *dit* Gévaudan.
CHONIRRE *dit* Vivarais.

COMPAGNONS ET AFFILIÉS D'AVIGNON
ÉTABLIS ET NON ÉTABLIS.

ALLARD *dit* Angevin, le Cœur Aimable, P.. C..
    P.. d'Avignon, 1839.
SOUCHAY *dit* Beaugenci, le Cœur Sincère, P. C..
    P.. de Lyon, en 1838.
DETRAZ *dit* Chablaisien, La Rose d'Amour, P..
    C.. P.. de Nîmes, 1836.
YMONET *dit* Avignonais, Le Jardin d'Amour,
    D∴ G∴ T∴ de Nantes, 1832.
MONIER frères.
SACCAGE *dit* Rouergue, Bon Accord.
TROUSSEL *dit* Querci.
GUIRAUT *dit* Marseillan.
FABRE *dit* Castres.
JOURDAN *dit* Orange.

COMPAGNONS ET AFFILIÉS DE MARSEILLE.

PASCAL *dit* Clermon, Franc Cœur, S.. C.. T..
    de Lyon, 1837, P.. C.. P.. de Marseille,
    1839.
CHARDEYRON *dit* Bugiste, l'Amour Fidèle, P..
    C.. P.. de Lyon, 1835, D∴ G∴ T∴ de
    Marseille, 1838.

Bourdon *dit* Mâconais, l'Amour Fidèle, D∴ G∴ T∴ de Nantes, 183?.

Lucas, *dit* Bressan, La Bonne Conduite, P∴ C∴ P∴ de Marseille en 1836 (initié).

Rasteau *dit* Rochelais, La Gaîté (initié).

Nalla *dit* Nîmois, Va sans Crainte, S∴ C∴ T∴ de Nîmes en 1832.

Barbier *dit* Nivernais, Le Cœur Constant, P∴ C∴ P∴ d'Avignon, 1837.

Hourquet, *dit* Bayonnais, Le Laurier d'Honneur, P∴ C∴ P∴ de Marseille, 1839.

Maillard *dit* Vaudois, La Belle Conduite, S∴ C∴ T∴ 1839.

Cumin *dit* Alsacien, Le Soutien de Liberté.

Gras *dit* Parisien, l'Ami des Arts, S∴ C∴ T∴ de Marseille, 1839.

Denu *dit* l'Angevin, La Sagesse.

Messin La Gaîté.

Kallaire *dit* Lorrain, Le Laurier d'Honneur.

Passeneau *dit* Bordelais, La Réjouissance.

Schlichlhoerncen *dit* Alsacien, La Fidélité.

Durant *dit* Dauphiné, l'Ami des Arts.

Gros *dit* Dauphiné, La Bonne Conduite.

Seux *dit* Vivarais, Le Cordon Bleu (S).

Jean Sallet *dit* Pignan, Le Jardin d'Amour.

Magnian Valantin *dit* Perpignan, La Prudence.

Vaillaisse *dit* Rouergue, Le Résolu.

Nicolas Dantrat *dit* Dauphiné.

Jean-Baptiste Pascal *dit* Clermont.

George Diébot *dit* Alsacien.

Cyprien Régal *dit* Béziers.

FRANÇOIS HÉRAUT *dit* Lunel.
DOMINIQUE FIATOLITÉ *dit* Corsois.
LAVABRE *dit* Rouergue.
LANIEY *dit* Lyonnais.
BUTARD *dit* Grenoblois.
PASSALCQUA *dit* Corsois (S).
ANDRÉ SMILER *dit* Corsois.

MAÎTRES.

ARTEAUD *dit* Provençal, La Rose, ex C.. P.. T..
  de Marseille (initié).
MICHEL *dit* Forèzien, La Clef Des Cœurs, ex-
  C.. P.. T.. de Lyon (initié).
MAFFRET *dit* Marseillais, Bon Accord D∴ G∴
  T∴ de Nantes (S).
LÉONARD RABUT *dit* Châlonais, Le Laurier, S..
  C.. T.. de Marseille (initié).
HERVET *dit* Poitevin, Le Flambeau d'Amour,
  P.. C.. P.. de Toulouse, S.. C.. T.. et D∴
  G∴ T∴ de Nîmes.
FONT *dit* Nîmois, La Réjouissance, S.. C.. T.
  de Blois, 1831, D∴ G∴ T∴ de Lyon, 1836
GAVAUDO *dit* Rouergue, Bon Accord, S∴ C∴
  T∴ de Marseille, 1835.
LEGRAND *dit* Beauceron, Sans Façon, D∴ G∴
  T∴ de Marseille, 1836.
BOREL *dit* Suisse, l'Ami des Arts, D∴ G∴ T∴
  de Marseille, 1833.
MICHEL *dit* Tarascon, Le Bien-Aimé.
BERTAGNOL *dit* Marseillais, La Rose D'Amour,
  P.. C.. P.. de Nîmes, 1838 (S).

CROSE *dit* Nîmois, La Fleur de Lis.
AUBERT *dit* Marseillais , Le Cœur Sincère.
ROL *dit* Provençal , Le Décidé.
GOIFFON *dit* Lyonnais.

COMPAGNONS ET AFFILIÉS DE NIMES.

MENUISIERS.

PERRIER *dit* Languedoc, La Belle Conduite P.·.
   C.·. P.·. de Nîmes, 1839.
FOUQRÈRE *dit* La France, l'Ami du Trait, P..
   C.. P.. de Chartres, 1835.
BERTRANON *dit* Provençal, Le Laurier d'Hon-
   neur.
CHAPOLARD *dit* Marchois, Bon Accord.
PETIT *dit* Belge , Le Serment de Fidélité. P..
   C.. P.. de Nîmes, 1839.
GOUDARD *dit* Vivarais, La Clef des Cœurs.
SCHAMBERGER *dit* Alsacien, La Victoire.
MOULSE *dit* Rouergue, Le Cœur Sincère.
NICOLET *dit* Bressan.
GUÉRIOT *dit* Nanci.
ROCHER *dit* Languedoc.

SERRURIERS.

VIAZAC, *dit* Vivarais, Le Cœur Fidèle, P.. C.. P..
   de Nîmes, 1839.
MICHEL *dit* Berry, Bon Accord.
MARTIN *dit* Comtois, La Clef des Cœurs, P.. C..
   P.. de Lyon, 1834.

BERGER *dit* Nanci, Va de Bon Cœur.
MOURGUES *dit* Valerogue.
BOISLEVIN *dit* Lyonnais.
DUMAS *dit* Forèzien.
GUIBAUD *dit* Sommières.

COMPAGNONS ET AFFILIÉS DE MONTPELLIER.

ÉTABLIS ET NON ÉTABLIS.

TRANCHANT *dit* Orléans, La Clef des Cœurs, P..
C.. P.. de Montpellier, 1839.
BOHLER *dit* Alsacien Le Cœur Fidèle, P.. C.. P..
de Toulouse, 1836.
FORT *d t* Rouergue, La Clef des Cœurs, P.. C..
P.. de Montpellier en 1839.
PERRUCHON *dit* Grenoblois, Le Cœur Aimable,
S.. C . T.. de Béziers, 1838.
BAILLY JULES *dit* Franc Comtois, l'Union, S..
C.. T.. de Montpellier, 1839.
BOUVIER *dit* Vivarais. le Corinthien.
NÉBODON *dit* Clermont Bon Accord, P.. C.. P..
de Montpellier, 1837.
PARTALIE *dit* Languedoc, Sans Rémission, D.∴
G.∴ T.∴ de Lyon, 1843.
HOSAC LOUIS *dit* Pontivy, Le Flambeau d'A-
mour, P.. C.. P.. de Montpellier en 1837
(initié).
PIERRE GERVERS *dit* Montpellier, Le Résolu.
ROBERT *dit* Pignan Franc Cœur.

2.

Esprit *dit* Montpellier, Le Jardin d'Amour, P..
P.. C.. de Béziers en 1825.

Boniface *dit* Montpellier, Bon Accord, P.. C..
P.. de Marseille en 1837.

Rins *dit* Suisse, Le Soutien du Devoir de Liberté.

Omètre *dit* Bordelais, la Clef des Cœurs.

Pierre *dit* Chambéry, l'Immortel Souvenir.

Calvet *dit* Toulousain.

Delomme *dit* Languedoc.

Joseph *dit* Alsacien.

Bonnot *dit* Saint-Esprit.

Mathieu *dit* Bedarieux.

Gabondan *dit* Languedoc.

Gardez *dit* Nantais.

Jean *dit* Bedarieux.

Depernès *dit* Chambéry.

COMPAGNONS ET AFFILIÉS DE BÉZIERS.

ÉTABLIS ET NON ÉTABLIS.

Gabriel-Étienne *dit* Languedoc, La Victoire.
D.. G.. T.., de Béziers en 1811.

Binot *dit* Béziers, l'Ami des Arts (initié).

Brieu (Hypolite) *dit* Béziers, Le Décidé. S.. C..
T.. de Lyon en 1837. P.., C.. P.. en 1838.
D.. G.. T.. en 1839 (S).

Durand *dit* Béziers, la Fidélité. P.. C.. P.. de
Nîmes en 1807.

Braindies *dit* Languedoc, Le Rustique.

Pierre Cairol *dit* Languedoc, Le Conquérant.

Pèzie *dit* Blois, Le Bien Aimé. P.. C.. P.. de
  Toulouse en 1831.

Pierre Bernadou *dit* Rouergue, Le Soutien du
  Devoir de Liberté.

Grand *dit* Grenoblois, La Fidélité. P.. C.. P..
  de Béziers en 1833.

Guillaume *dit* Rochelais, l'Immortel Souvenir. P. C. P. de Béziers en 1839.

Nasa *dit* Rochelais, La Couronne de Liberté.
  P.. C.. P.. de Béziers en 1839.

Loze Guillaume *dit* Comtois, La Clef des Cœurs.
  S.. C.. T.. de Béziers, 1839.

Joujou *dit* Sommières, Le Laurier d'Honneur.

Durand *dit* Béziers, La Fidélité.

Pueph *dit* Albigeois, l'Estime de Bienfaisance.

Coudoint *dit* Limousin, Prêt à bien Faire.

Pramille *dit* Quesci, Le Bien Aimé.

Mangin *dit* Lorrain, La Douceur.

Baralou *dit* Forèzien, La Bonne Conduite.

Barrere *dit* Gascon, Le Triomphe d'Amour.

Rogaret *dit* Languedoc, La Clef des Cœurs (S).

François Birot *dit* Béziers.

Édiard *dit* Parisien (S).

Tefin *dit* Nantais.

Cordier *dit* Avignonais.

Salles, *dit* Limousin (S).

Dorel *dit* Rouergue.

Lagardel *dit* Gascon.

Lafon *dit* Avignonais.

COMPAGNONS ET AFFILIÉS
DE TOULOUSE.

ÉTABLIS ET NON ÉTABLIS.

MAINVIELLE *dit* Toulousain, La Clef des Cœurs.
C.. P..T.. à La Rochelle en 1835.

SÉVÉRAC *dit* Toulousain, Franc Cœur.

PASTORET *dit* Provençal, La Prudence. P..C..P..
de Toulouse, 1839.

DALOZ *dit* Franc Comtois, Le Triomphe d'A-
mour. P..C..P.. de Toulouse. 1839.

BEZIA *dit* Lorrain, le Bien-Aimé.

ROUSSEAU *dit* Tourangeau, La Couronne de Liberté.

LEMOINE *dit* Rémois, La Prudence.

LACROZE *dit* Vivarais, la Pensée.

VACHÉ ANTOINE *dit* Dauphiné.

PLOTON JUILLIENS *dit* Vivarais.

TURA *dit* Bayonnais.

VIGNANT *dit* Bugiste.

SIADOUX *dit* Comtois.

COMPAGNONS ET AFFILIÉS DE
BORDEAUX.

ÉTABLIS ET NON ÉTABLIS.

LANIER *dit* Lyonnais, Le Cœur Sincère. P..C..P..
de Bordeaux. 1839.

LAUBET *dit* Comtois, Le Beau Tour de France.
D..G..T.. de Chartres en 1837.

VILTON *dit* Comtois, Le Corinthien. D∴ G∴ T∴ de Bordeaux en 1839.

LILET BERNARD *dit* Bordelais, Le Beau Tour de France. P.. C.. P.. de Nîmes en 1837.

DESSERTÈNE *dit* Bourguignon, Le Cœur Fidèle.

GUYOT *di* Forèzien Le Tranquille. P.. C.. P.. de Tours en 1836.

CAMPOZET *dit* Bayonnais, Le Cœur Fidèle. P.. C.. P.. de Tours en 1837.

PIERRE-LOUIS *dit* Marseillais, le Franc-Cœur.

SADIN *dit* Lyonnais, l'Amour fidèle.

FAURE *dit* Marchois, La Rose d'amour. P. C. P. de Nîmes en 1830. D∴ G∴ T∴ de Bordeaux en 1834.

LAGIAUX *dit* Bordelais, La Clef des Cœurs. D∴ G∴ T∴ de Nantes en 1834 (S).

GUIGAL *dit* Vivarais, Sans Façon. P.. C.. P.. de Toulouse. 1826. D∴ G∴ T∴ de Bordeaux 1830.

BARBERET *dit* Alsacien, La Sagesse.

DÉSIRÉ *dit* Bordelais, La Bonne Conduite.

DEGEUGE *dit* Montpellier, Le Cœur Fidèle.

HOURQUN *dit* Blois, Le Cœur sincère.

FÉLIX DUSSÈRE, *dit* Vivarais, Le Cœur Fidèle.

COUTARE *dit* Dauphiné, Le Laurier d'Honneur.

LOUISEAUX *dit* Bordelais, Le Jardin d'Amour.

VICTOR BORÉ *dit* Fléchois.

LOUIS HUMBERT *dit* Manceau.

HECTOR LAMI *dit* Bugiste.

DÉSIRÉ DUPAS *dit* Nantais.

COMPAGNONS ET AFFILIÉS DE LA ROCHELLE.

MASSIP *dit* Albigeois, l'Espérance. P.. C.. P.. de Nantes en 1838. T.. N.. Les A.. F.. R.. à La Rochelle, 1839.

SEGNAN *dit* Limousin, Sans Regret. P.. C.. P.. de Chartres en 1829. S. C. T.. de Nantes. 1838.

ROBERT *dit* Grenoblois, La Douceur. P.. C.. P.. d'Avignon en 1826. T.. N.. les A.. F.. R.. à La Rochelle en 1836 et en 1839.

ABEYER Tourangeau, l'Amour Fidèle.

HUBEAN *dit* Clissonnais, l'Estime des Vertus. C.. P.. T.. à La Rochelle en 1838. S. C. T.. en 1839.

BARBE XAVIER *dit* Gascon, Sans Regret. R.. L.. d'Honneur à La Rochelle en 1839.

PERCHERON Bon Accord. S.. C.. T.. de Châlons en 1835.

MICHEL *dit* l'Angevin, Sans Gêne.

MIOLLAN *dit* Mâconais.

MICHON *dit* Mâconais.

GIMON *dit* Rochelais.

RENOLO *dit* Saint-Ange.

DROT *dit* Manceau.

DUREN *dit* Beauceron.

DEMEILLAC *dit* Saint-Brieuc.

COMPAGNONS ET AFFILIÉS DE NANTES.

ÉTABLIS ET NON ÉTABLIS.

HAUGER *dit* Berri, La Fidélité.

TULLEAU *dit* Nantais, Le Cœur Joyeux.

KESLER *dit* Suisse, Le Résolu (initié).

GRABEL *dit* Suisse, l'Amour Fidèle.

BOUSSIRON *dit* Nantais, La Franchise P.. C.. P.. de Nantes en 1818.

GUIBERT *dit* Lorient, Le Bien Venu. D.·. G.·. T.·. de Nantes.

RENIER *dit* Nantais, Le Bien Aimé.

MOLINER *dit* Perpignan, La Victoire. P.. C.. P.. de Toulouse en..

DÉGLISE *dit* Bugiste, La Violette du Printemps (S).

PLAS *dit* Perpignan, Sans-Façon (S).

PANHONET *dit* Nantais, Le Bien Aimé.

CLERGET *dit* Bourguignon l'Amour Fidèle D.·. G.·. T.·. de Nantes 1836.

CHABERT *dit* Provençal Le Cœur Fidèle D.· G.·. T.· de Nantes 1839.

LAGUERRE *dit* Perpignan, La Victoire. P., C.. P.. de Nantes 1839.

CABARET *dit* Manceau, Le Cœur Fidèle.

ROCHE *dit* Languedoc, Le Divertissant.

LEFEVRE *dit* Nantais, Bon Accord.

LAVOUTE *dit* Languedoc, l'Aimable Cœur.

VALANCINI *dit* Vivarais, La Violette. P. C.. P.. de Béziers.

LAPRÉE *dit* Nantais, Bon Accord.

TRUPIN *dit* Bayonnais, La Clef des Cœurs.

CAPRESPINE *dit* Aurillac, La Belle Conduite.

BREMONT *dit* Bayonnais.

FAUCHÉ *dit* Tourangeau.

Plantiez Albaret *dit* Languedoc.
Cleman *dit* La Marche.
Délorme *dit* Tourangeau.

COMPAGNONS ET AFFILIÉS DE TOURS.

Monnié *dit* Bordelais, La Couronne de Liberté P..C..P.. à Tours 1839.
Jean Pierre *dit* Rennois, La Belle Conduite. P. C..P., de Tours 1839.
Aimard *dit* Vivarais Le Résolu.
Hypolite Martaresche *dit* Vivarais, La Fidélité.
Prévaut *dit* Saint-Ange, Le Corinthien.
Ferriere *dit* Vigan, L'Ami des Arts,
Rolan *dit* Provençal, Le Flambeau d'Amour.
Glaude *dit* Nivernais, Le Bon Soutien.
Barbu *dit* Nimois, La Couronne de Liberté.
Minier *dit* Berry, La Sagesse.
Sballet *dit* Blois, Le Décidé.
Noel *dit* Lorient.
Dupuis *dit* Vivarais.
Lengle *dit* Maloin.
Dupézan *dit* Bearnais.
Lenin *dit* Vendôme.
Langevin *dit* Périgord,
Rugot *dit* Comtois.
Martin *dit* Normand.
Delafosse *dit* Lillois.
Mansuy *dit* Nivernais.
Clopin *dit* Nantais.
Bucher *dit* Alsacien.

COMPAGNONS et AFFILIÉS de CHARTRES.

Fouet Esaü *dit* Albigeois l'Estime des Vertus. P..C..P.. de Chartres, 1839.

Abadie *dit* Gascon l'Ami Du Trait P.-C..P.. de Chartres, en 1835.

Ducuron *dit* Gascon, La Belle Conduite P..C..P de Chartres en 1838. S..C..T.. plusieurs fois.

Leroux *dit* Nantais, Le Laurier D'honneur. P.·C..P.. de Chartres, en 1839.

Bartra *dit* Saint-Félix, Le Cœur Aimable.

Saura *dit* Espagnol, La Fidélité. (S.)

Duret *dit* Dauphiné, l'Exemple de La Sagesse.

Bourguignon, Le Bien Aimé.

Boussière *dit* Dauphiné, La Rose d'Amour.

Perté *dit* Beaunois, Le Cœur fidèle.

Deboui *dit* Nivernais, l'Ami des Arts.

Sarrost *dit* Normand, Le Cœur Divertissant.

Cotte *dit* Provençal, l'Ami des Arts.

Grè *dit* Dauphiné.

Monier *dit* l'Agenais.

Malet *dit* Vivarais.

Jamme *dit* Vivarais.

Brunet *dit* Catalan.

Derieux *dit* Vivarais.

Loubé *dit* Comtois.

Limousis *dit* Carcassonne.

Delabre *dit* Rochelais.

Lavalette *dit* Bourguignon.

Bondu *dit* l'Angevin.

Motteau *dit* Percheron.

PREMIER CAHIER DE CHANSONS.
1834.

AUX

COMPAGNONS

DU TOUR DE FRANCE,

AUX ENFANTS DE SALOMON.

Jusqu'à présent, nos chers pays, on n'avait jamais songé à faire imprimer les chansons et autres poésies composées par nos confrères en l'honneur de notre Société. Nous tentons aujourd'hui d'introduire l'usage de l'impression parmi nous; nous croyons que vous nous approuverez, et que l'exemple ne sera pas perdu. Nous désirerions voir notre Société charger un Compagnon du travail de recueillir toutes nos meilleures chansons, et d'en former un recueil que l'on devrait faire imprimer à un grand nombre d'exemplaires.

Il faudrait aussi que celui dont vous auriez fait choix, tout en réunissant nos chansons, prît le soin de les corriger, pour les rendre telles qu'elles ont dû sortir de la plume de leurs auteurs. Marseillais, Bon Accord; Nantais Prêt à Bien Faire; Bourguignon La Fidélité; Lyonnais, l'Union, et tant d'autres que nous pourrions vous citer, ont donné à notre Société leurs chansons en manuscrit; elles ont passé de mains en mains; elles ont été copiées, recopiées, et se sont popularisées parmi nous. Mais nous savons tous que ces chansons sont pleines de fautes qui ne viennent pas de nos poëtes; on sent comment ces fautes ont pu s'y introduire : ce sont ces fautes qu'il faudrait faire disparaître, autant que la chose serait possible.

Nous croyons devoir inviter nos poëtes actuels à faire attention que nous sommes au dix-neuvième siècle; nous les invitons aussi à examiner avec nous beaucoup de nos vieilles chansons trop à la mode encore. Eh bien, qu'y trouvons-nous? Injures, grossièretés, barbarie, prévention! Nous y sommes portés aux cieux, et nos rivaux jetés dans les enfers ou aux galères de Rochefort et de Toulon. De telles œuvres, avouons-le, ne nous font pas honneur, et sont certes plus nuisibles à ceux qu'elles louent qu'à ceux qu'elles dénigrent. Tout homme sensé ne les entend point chanter sans hausser les épaules et sans sourire de pitié. N'imitons donc plus ce qui est dégoûtant, repoussant même. Si le fanatisme se glisse partout, c'est un malheur que nous ne pouvons parer ; mais faisons du moins nos efforts pour empêcher ce monstre de s'introduire chez nous pour troubler et égarer notre belle Société. Puissiez-vous, nos chers Pays, être satisfaits de ce recueil, et nous pourrons un jour vous en offrir un second. Nous espérons pouvoir suivre les progrès de notre époque et marcher avec la civilisation.

Vos Pays et Amis de Paris.

(Suivaient trente-trois signatures.)

HYMNE A SALOMON.

Air : Peuple français, sois fier de ta victoire.

Dignes enfants du roi dont la sagesse
Créa jadis nos équitables lois,
En ce beau jour, le cœur plein d'allégresse,
Avec ardeur (*bis*) accompagnez ma voix.

CHŒUR.

De Salomon (*bis*) célébrons la mémoire,
Et répétons (*bis*) jusqu'au dernier soupir :
Grand fondateur, sage éclatant de gloire, *bis.*
Tes fils pour toi savent vivre et mourir.

Oui, Salomon, ce monarque admirable,
Jérusalem ! rehaussa ta splendeur,
De tes enfants fut le juge équitable,
Et des beaux-arts (*bis*) le digne protecteur.
    De Salomon, etc.

Il existait dans ses villes antiques
Mille travaux dont l'œil fut enchanté,
De beaux jardins, des palais magnifiques,
Des tribunaux (*bis*) où siégeait l'équité.
    De Salomon, etc.

Saint monument, ô merveille imposante,
Temple sacré touchant jadis aux cieux,
Maison de Dieu, ta ruine gisante
Surprend encore (*bis*) et le cœur et les yeux !
    De Salomon, etc.

3.

Tout florissait dans son royaume immense :
Les vrais talents, le commerce, les arts.
La douce paix, mère de l'abondance,
Rendait heureux (*bis*) jeunes gens et vieillards.
    De Salomon, etc.

Fils de David, des voûtes éternelles
Jette les yeux sur tes pieux enfants,
Prête l'oreille à leurs voix solennelles,
Reçois, reçois (*bis*) leurs généreux serments,
De Salomon (*bis*) célébrons la mémoire,
Et répétons (*bis*) jusqu'au dernier soupir :
Grand fondateur, sage éclatant de gloire,   *bis*.
Tes fils pour toi savent vivre et mourir.

LE COMBAT D'ESPRIT.

Air : Que l'union est agréable, *ou* : Un soldat qu'une
heureuse trève.

Destin à mes vœux si contraire,
Pourquoi viens-tu donc m'affliger ?
Pourquoi, par un ordre sévère,
A partir viens-tu m'obliger ?
Il faut quitter ma tendre amie ;
O Dieu, pour moi quel triste jour !
Il faut quitter mon Emilie,
Le cher objet de mon amour.

Puisqu'enfin le Devoir l'ordonne,
Je ne consulte que l'honneur ;
O passion que Vénus donne,

Eteins ta flamme dans mon cœur
Comptez sur mon obéissance,
Chers Compagnons de Liberté,
Tout soumis à votre puissance,
Je fuis mon aimable beauté.

Quoi donc ! est-ce là la promesse
Que je faisais tous les moments,
A mon idole, à ma maîtresse,
Moi, le plus heureux des amants !
O belle, ô touchante Emilie,
Comment de toi me séparer ?
Je veux, je veux toute ma vie
Te voir, te chérir, t'adorer.

Hélas ! est-ce moi qui soupire,
Esclave d'une passion ?
Quelle faiblesse, quel délire
Troublent mon esprit, ma raison !
Oh ! non, je n'ai plus de courage ;
Mes forces m'ont abandonné.
Mes yeux sont couverts d'un nuage,
Et mon corps est tout enchaîné.

Grand Salomon, vois ma faiblesse,
Vois mes transports irrésolus,
Vois mon cœur balancer sans cesse
Et pencher même vers Vénus.
Roi bon, exauce ma prière,
Daigne soulager ma douleur ;
Rends ton enfant dans la carrière
De la sagesse, de l'honneur.

Je sens renaître mon courage,
Je sens triompher ma raison ;
Je sors d'un pénible esclavage,
Et je suis tout à Salomon.
Voyageons dans la belle France,
Accompagnés de l'équité,
En y célébrant la puissance
Du beau Devoir de Liberté.

LES ADIEUX A CAROLINE.

Air : Ten souviens-tu? ou des Trois Couleurs.

Sous ta fenêtre, objet que je révère,
Je viens chanter ma dernière chanson :
Puis te quitter pour suivre ma carrière,
Et soutenir mon honneur et mon nom.
Hélas! pour moi quelle peine cruelle
D'abandonner tes charmes en ce jour !
O mon devoir, ranime tout mon zèle
Pour m'éloigner de ce charmant séjour !

Entends la voix de ton amant perfide ;
Oui, son devoir l'éloigne de ces lieux ;
De Salomon la puissance le guide,
En éclipsant le pouvoir de tes yeux.
Ne règne plus sur son cœur, sur son âme,
Amour malin, enfant de la beauté !
C'est désormais la raison qui l'enflamme,
Et le parfait Devoir de Liberté.

Adieu, adieu, charmante Caroline,
De ce moment je m'éloigne de toi;
Tout pénétré d'une force divine,
Je puis braver ton amoureuse loi.
Qu'à tes douleurs ta mère s'intéresse,
Que sa pitié sèche enfin tes beaux yeux.
Moi, je te fuis, je vaincrai ma faiblesse;
Adieu, adieu, reçois tous mes adieux !

LES PROMESSES DU NOUVEAU DIGNI-TAIRE A LA SOCIÉTÉ.

CHANSON IMPROMPTU *.

AIR : De ton baiser la douceur passagère.

Puisqu'en ce jour votre choix me préfère,
Puisqu'au pouvoir vous me faites monter,
Ce grand honneur, je veux le mériter;
Je veux agir, vous servir et vous plaire. (bis.)

Si dans mon temps, par an destin prospère (1),
De mes désirs je peux suivre l'ardeur,
Vous connaîtrez le penchant de mon cœur;
Je vous chéris, mais je saurai vous plaire. (bis.)

* J'avertis une fois pour toutes que chaque chanson aura ses notes qui la suivront immédiatement.

De Salomon, notre ami, notre père,
Du souverain l'exemple des bons rois,
Je maintiendrai les équitables lois,
Et je saurai vous chérir et vous plaire. (*bis*.)

Honneur et gloire à l'ancien dignitaire (2)
Qui sut remplir sa haute fonction ;
Faisons un ban pour le vrai compagnon (3)
Qui m'a montré le chemin de vous plaire. (*bis*.)

(1) *Si dans mon temps*. Ce mot *temps* n'est pas clair ; mais comme nous l'employons ordinairement pour désigner le règne de six mois du premier compagnon ou dignitaire élu par la Société, je m'en suis servi dans le même sens.

(2) Plusieurs anciens Compagnons étant réunis à la même table dans un grand café parlaient de leur jeunesse et de leur tour de France ; ils étaient joyeux : c'était pour eux le bonheur dans le passé et dans le présent, chacun d'eux exposait ses titres avec un certain orgueil. Celui-ci disait : Je suis premier Compagnon de Nîmes ; celui-là : Je suis premier Compagnon de Chartres ; l'un disait qu'il était dignitaire de Lyon, enfin d'autres disaient qu'ils l'étaient soit de Marseille, soit de Montpellier, soit de Bordeaux, soit de Nantes. Ils se glorifiaient surtout d'avoir été élevés à la première place de la Société par le libre suffrage de leurs égaux. Un beau monsieur décoré était à une table voisine et écoutait leur conversation avec un sourire moqueur sur les lèvres ; un des Compagnons s'en aperçut, et lâcha aussitôt les paroles suivantes :—Oui, nous portons des titres dans notre Société, et l'on trouve cela étrange ! Mais des individus d'un rang plus élevé en portent aussi : ce sont des comtes de Cagliostra, des ducs de Valasque, des marquis de Cabrières, etc., et ces titres sont héréditaires dans leur famille. Quand un

comte, un duc, un marquis ont des droits sur le pays
dont ils portent le nom, passe! Mais porter le nom de
duc d'un pays parce qu'on l'a arrosé de sang, c'est
drôle! Mais porter le nom de marquis d'un pays parce
que votre père l'a ensanglanté et dépeuplé, et surtout
en porter le nom sans y avoir mis le pied et sans y
être connu d'un seul de ses habitants, c'est encore plus
drôle! C'est même ridicule.—Ces paroles furent enten-
dues du beau monsieur décoré qui ne sourit plus.

(3) *Faisons un ban.* Ce mot *ban* n'est, je crois, pas
français; mais comme il désigne chez nous un applau-
dissement général et mesuré, j'ai cru pouvoir et même
devoir m'en servir.

LE DÉPART.

CHANSON.

Air : De la Parisienne.

Oui, du départ l'heure est sonnée,
Mes chers pays (1), éloignons-nous
De cette ville fortunée,
Séjour des plaisirs les plus doux.
Fuyons d'ici la jouissance,
Pour trouver ailleurs la science.

    Amis, voyageons
    En vrais compagnons
Du glorieux, du grand roi Salomon,
Sur le beau tour de France. (bis.)

Voyez dans ces belles campagnes
Ces bosquets, ces gazons, ces fleurs,
Ces oiseaux près de leurs compagnes,
Chanter l'amour et ses faveurs.
Du printemps quelle est la puissance !
Tout se ranime à sa présence.

      Amis, etc.

Mes chers pays, au dignitaire
Obéissons avec ardeur.
Déployons l'antique bannière
De notre sage fondateur ;
Qu'au gré des airs avec aisance,
Mollement elle se balance.

      Amis, etc.

Si parfois dans notre voyage,
Nous rencontrons un *devoirant* ;
Non, non, envers ce personnage
N'agissons pas brutalement ;
Laissons l'affreuse intolérance
A la fanatique ignorance.

      Amis, etc.

Mais si, bouffis de fanatisme,
Des insensés osaient enfin,
Croyant faire acte d'héroïsme,
Nous attaquer dans le chemin ;
Sous le poids de notre vaillance,
Accablons leur cette arrogance.

      Amis, etc.

Adieu, loyaux sociétaires,
Il faut se quitter désormais.
Embrassons-nous, adieu, nos frères,
Vivez heureux, vivez en paix ;
Et nous, sur cette route immense,
Partons, marchons en diligence.

Amis, voyageons
En vrais compagnons
Du glorieux, du grand roi Salomon,
Sur le beau tour de France.

(1) Dans les sociétés de compagnonage le mot monsieur n'est point d'usage : dans les unes on se nomme *Coterie*; dans le plus grand nombre on se nomme *Pays*. Les Français, les Espagnols, les Italiens, les Suisses se trouvant réunis se nomment réciproquement Pays espagnol, Pays italien, Pays suisse, etc. Ils sont éloignés de leur famille ; ils se déplacent fréquemment pour habiter un endroit, puis un autre endroit ; ils vivent cordialement entre eux et sans prévention nationale. D'ailleurs ils habitent sous la même voûte, ils marchent sur le même globe, ils sont, ils se nomment pays ; car le monde n'est pour eux qu'un grand *pays !* Beaucoup de personnes rient de cette appellation, qu'elles réfléchissent, et qu'elles rient encore après si elles le jugent à propos !

CONSEIL AUX AFFILIÉS.

CHANSON.

Air : La république nous appelle ou du Chant du départ.

O mes jeunes amis, qui sur le tour de France
Dirigez vos pas diligents,

D'un ancien compagnon, instruit d'expérience,
Ecoutez les avis prudents :
Pour acquérir talents, sagesse,
Pour jouir de l'égalité,
Vous confierez votre jeunesse
Aux compagnons de liberté.

CHOEUR D'AFFILIÉS.

Nous conserverons la mémoire
De votre dernière leçon ;
Nous ne ternirons point la gloire
Du beau Devoir de Salomon.

Partez, ô mes amis ! et dans votre voyage
Soyez résolus, mais prudents ;
Et si l'on vous attaque, armez-vous de courage ;
Soyez braves, soyez vaillants.
Vos coups sont alors légitimes (1),
Frappez, domptez des inhumains
Qui vont se chercher des victimes,
En plein jour, sur les grands chemins.
Nous, etc.

D'une riche cité, de la belle Marseille,
Sous peu vous verrez les clochers ;
Vous saurez visiter cette antique merveille,
Ses champs, ses eaux, ses grands rochers ;
Mais allez d'abord chez la Mère,
Ainsi l'ordonne le Devoir ;
Connaissez votre dignitaire,
Soumettez-vous à son pouvoir.
Nous, etc.

A d'utiles travaux occupez-vous sans cesse ;
  Fréquentez de dignes amis,
Honorez les talents, les vertus, la sagesse ;
  A l'honneur demeurez soumis (2). .
  Fuyez celui dont l'imposture
  Chercherait à vous égarer ;
  Fuyez un scélérat parjure,
  Qui voudrait vous déshonorer.

    Nous, etc.

D'être un jour compagnons nourrissez l'espé-
  Vos esprits sont intelligents ;   [rance,
Cultivez le dessin, puisez dans la science,
  Acquérez de nouveaux talents.
  Suivez surtout le sage exemple
  De qui pratique les vertus ;
  Et dans le magnifique temple
  Un beau jour vous serez reçus.

    CHŒUR D'AFFILIÉS.

Nous conserverons la mémoire
De votre dernière leçon ;
Nous ne ternirons point la gloire
Du beau devoir de Salomon.

RÉFLEXIONS A PROPOS DE CETTE CHANSON.

NOTE 1.

( ) *Vos coups sont alors légitimes.* Oui, si
vous êtes attaqués. Ce couplet paraîtra peut-

être mauvais, et peut l'être. Mais quand je l'ai composé mes intentions étaient bonnes. Tout le monde sait que les Compagnons se topent. Ce cri *tope!* est souvent le prélude des assassinats. Pourquoi les Compagnons qui se rencontrent sur une route se font-ils, s'ils ne sont du même côté ou du même parti, une guerre acharnée? Cela est inexplicable; il y a là de l'ignorance, de la folie, de la rage. J'ai toujours vu avec plaisir que la Société du Devoir de Liberté recommande à ses sociétaires de n'attaquer, de n'insulter personne, sur la route non plus qu'ailleurs; et que si de nos hommes sont assez peu éclairés pour être provocateurs, la Société les punit aussitôt qu'elle en est instruite. Mais tout en disant à un membre : Aie la sagesse de n'attaquer personne, elle lui dit aussi : Aie le courage de te défendre si l'on t'attaque. Nous désirons que les Compagnons des autres Sociétés s'humanisent; nous pourrions nous-mêmes devenir meilleurs. Hommes des sociétés les plus divisées jusqu'à présent, si la raison peut quelque chose sur vous, rapprochez-vous, si vous avez des sentiments français, ne vous regardez plus comme des ennemis!

NOTE 2.
PREMIÈRE RÉFLEXION.

(2) Ceux qui partent d'une ville à la dérobée et sans payer leurs dettes sont appelés des *brûleurs;* leur nom, leur signalement sont

répandus sur le Tour de France, et les brûleurs ne sont accueillis nulle part.

Ils s'en trouve parmi ceux qui partent ainsi qui laissent des dettes bien légères : quelquefois ils ont terni leur réputation, ils ont sali leurs noms pour la somme de vingt ou trente francs! Certainement ils ne calculent pas, en agissant de la sorte, les conséquences de leur vilaine action ; c'est le plus souvent quand ils sont retirés ou quand un peu plus d'âge a mûri leur raison, qu'ils sont fâchés d'avoir si mal agi.

Si nous ne voulons point avoir de reproches à nous faire, ayons de la franchise et de la probité! Car si nous avions trompé quelqu'un pourrions-nous dire du mal de celui qui nous tromperait sans dire du mal de nous-mêmes? Si, ayant trompé, nous appelions fripon celui qui nous tromperait, ne pourrait-on pas nous appeler du même nom? Et que répondrions-nous alors? Rien. Donc, tâchons d'avoir toujours pour nous notre conscience ; c'est la plus solide de toutes les défenses.

DEUXIÈME RÉFLEXION.

L'on voit des Compagnons, des affiliés, qui, pour avoir subi l'injustice de quelques chefs, se retirent promptement de la Société. Quand une Société est bien organisée, quand elle a des principes vrais et de sages lois, on ne doit pas la quitter si vite et pour si peu. Il faut avoir

4.

de la patience, et faire toujours tout ce que le
devoir et l'honnêteté commandent : c'est le seul
moyen de s'attacher le plus grand nombre et
de rendre honteux ceux qui vous auraient
fait des injustices. En agissant autrement vous
donneriez raison à ceux qui ont tort : c'est ce
qu'ils demandent, c'est ce que vous ne devez
pas faire.

TROISIÈME RÉFLEXION.

Nous sommes dans un temps où l'on se
moque des gens trop mystérieux et trop séparés
des autres. Nous devons dire tout ce qui peut se
dire raisonnablement, et vivre avec tous ceux
qui savent vivre. Sans être ennemis d'aucune
Société, nous devons nous attacher à la nôtre,
et la servir avec zèle et amour. Si, après avoir
fait tout notre devoir, notre Société pouvait
se tromper et nous en mal récompenser, il
nous serait permis de faire entendre des plaintes
modérées. Ceux qui se trompent reviennent
quelquefois d'une erreur ; mais ne nous ven-
geons jamais aux dépens de nos engagements et
de notre bonheur : nous serions exécrés et flé-
tris des noms de lâches, de traîtres et de scélérats ; de toute part la défiance nous observe-
rait, et nous vivrions, quoique au milieu du
monde, dans un isolement complet. Ainsi nous
aurions voulu faire du mal ; nous nous en
serions fait à nous-mêmes.

Soyons toujours probes et honnêtes ; ne faisons jamais retomber sur la Société entière les fautes de quelques-uns de ses membres ; soyons fidèles à nos serments et à nos engagements. Tout cela n'est que notre avantage ; nous agirions contre nous en agissant différemment.

FIN DU PREMIER CAHIER.

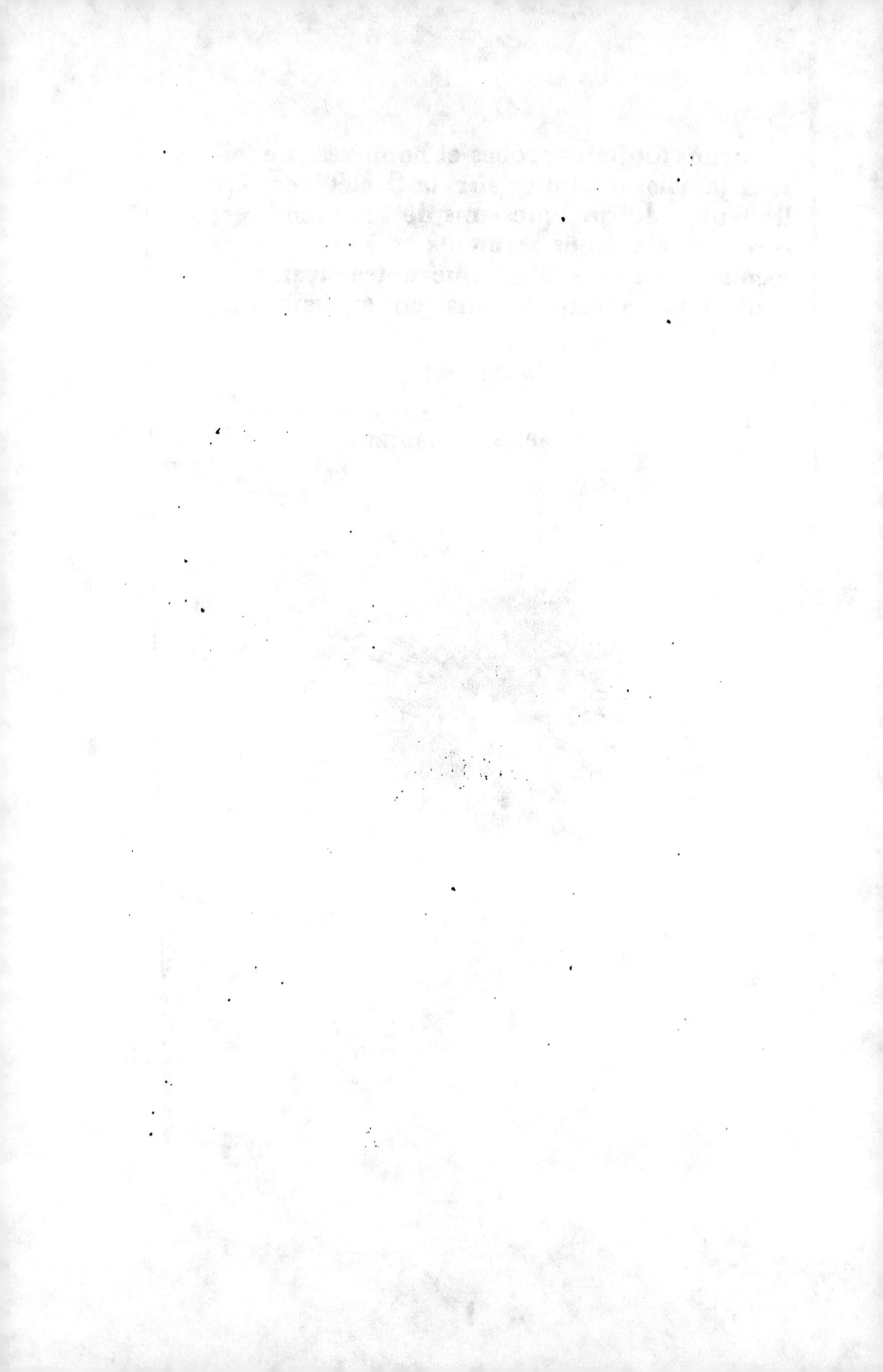

AUX

COMPAGNONS

DU TOUR DE FRANCE,

AUX ENFANTS DE SALOMON.

Nos chers Pays,

Il y a environ deux ans que nous eûmes le plaisir de vous présenter un premier recueil de Chansons de Compagnons, dont la Préface promettait que nous n'en resterions pas là. Eh bien aujourd'hui, vous serez convaincus que cette promesse, quoique un peu vague, n'en était pas moins fondée. En conséquence, vous recevrez un deuxième recueil. Puisse-t-il vous être agréable, puisse-t-il mériter et obtenir votre approbation et notre contentement sera au comble!

Vos Pays et Amis de Paris.

(Suivaient soixante et une signatures.)

LE JEUNE AFFILIÉ, ADIEU AU PAYS.

Air : De l'aveugle de Bagnolet.

Enfants de Salomon le Sage,
Guidant un frère sur les champs,
Lorsqu'il prélude à son voyage
Prêtez l'oreille à ses accents (*bis*) :
Je sors de la timide enfance,
Et j'entreprends le tour de France (1) ;
Adieu riche, charmant pays,
Climat brillant de la Provence !
Adieu, riche, charmant pays,
Adieu vous tous, mes vrais amis.

Je quitte mon vertueux père
En butte à de sombres douleurs ;
Ma bonne, ma sensible mère
Se lamentant, versant des pleurs (*bis*),
Et ma jeune et tendre maîtresse,
De ses cris m'appelant sans cesse.
Adieu, riche, charmant pays,
Un jour renaîtra l'allégresse ;
Adieu, riche, charmant pays,
Adieu vous tous, mes vrais amis,

} *bis.*

Je vois de ma ville natale
Encor le plus haut monument ;

Mais d'intervalle en intervalle
Il s'abaisse insensiblement (*bis*).
Oh ! plus rien ne s'offre à ma vue,
Que des champs la vaste étendue.
Adieu, riche, charmant pays ;
Mon cœur bat, mon âme est émue ;
Adieu, riche, charmant pays,
Adieu vous tous, mes vrais amis.

Quel temps ! quel chemin magnifique !
Comme l'avenir me sourit !
Une voix sourde, prophétique,
Echauffe, élève mon esprit (*bis*).
Je cueillerai par ma constance
Des talents et de la science.
Adieu, riche, charmant pays,
C'est un grand bien que l'espérance ;
Adieu, riche, charmant pays,
Adieu, vous tous, mes vrais amis.

Allons, saisissez la bouteille,
Dans nos verres versez tout plein ;
Buvons, le doux jus de la treille
Enhardit, enflamme soudain.
Recevez les adieux d'un frère ;
Chacun a bien vidé son verre.
Adieu, riche, charmant pays,
Je te reverrai, je l'espère ;
Adieu riche, charmant pays,
Adieu, compagnons, mes amis.

NOTE.

(1) *Et j'entreprends le tour de France.*

Jeune Affilié, qui entreprenez le tour de France, quoique votre esprit et votre bon sens ne vous parlent qu'en faveur des choses utiles, permettez-moi de vous donner un conseil pour vous fortifier davantage, s'il est possible. Vous partez : mais, quand vous reviendrez, soyez satisfait de l'emploi que vous aurez fait de votre temps. Beaucoup de jeunes gens, oubliant le but qu'ils s'étaient proposé d'atteindre en commençant leur tour de France, ne pensent plus, comme ils disent eux-mêmes, qu'à se divertir ; mais plus tard, sentant une confusion dans leur cerveau, se trouvant embarrassés en tant de circonstances, ils se font mille reproches, et cela ne peut leur procurer les connaissances qui leur manquent. Tâchez de ne point vous trouver dans un pareil cas ; faites en sorte que le tour de France soit une école profitable pour vous, apprenez-y à vivre et à travailler, faites-vous y homme, et devenez, pour tout dire, menuisier dans la force du terme. Mais, pour en venir là, travaillez, travaillez des bras et de la tête. Savoir couper son bois, avoir, comme on dit, une bonne main d'œuvre, c'est beaucoup pour l'ouvrier, et c'est bien peu pour le maître !

Oui, l'homme placé à la tête d'un atelier de

menuiserie est certainement forcé de refuser
plusieurs sortes d'ouvrages, s'il ne connaît le
dessin linéaire appliqué à son état. Donc, occupez-vous du dessin linéaire, prenez de bonnes notions des cinq ordres d'architecture, et
vous formerez ainsi votre goût sur les proportions les plus justes et les plus belles. Acquérez la connaissance de la géométrie descriptive
appliquée à la menuiserie, c'est-à-dire du trait
de l'escalier, de l'arêtier, des voussures et d'un
grand nombre d'autres coupes de bois. Alors
vos idées seront claires, vous aurez la conception des ouvrages quels qu'ils soient, et vous
pourrez les exécuter avec goût et facilité. Mais
si vous voulez acquérir ces connaissances, n'é-
coutez point ceux qui chercheront à vous décourager. Des hommes vous diront : — Vous
perdez votre temps, vous dépensez votre argent,
vous vous cassez la tête mal à propos ; le dessin
n'est bon à rien, laissez donc ça là, et faites
comme nous ! — Je vous le répète, jeune Affilié,
n'écoutez point les hommes qui vous donne-
ront de tels conseils. Ces hommes se plaisent
dans l'ignorance ou dans l'abrutissement, ou
dans la nonchalance, et pourtant l'orgueil est
concentré dans tout leur être, et s'ils voient
quelqu'un chercher à s'instruire et à s'élever,
le venin de la jalousie les parcourt et les tour-
mente ; ils voudraient que tout le monde restât comme eux, pour n'avoir à rougir, pour
n'être humiliés devant personne. Il est aussi

5

d'autres hommes d'un esprit plus sage et d'un caractère plus élevé, et qui par négligence, ou faute de moyens pécuniaires (car l'homme sans fortune ne s'instruit pas toujours au gré de ses désirs) ou par toute autre cause enfin, n'ont pu s'initier aux connaissances que je vous cite comme essentielles. Mais ces derniers ne parlent pas comme ceux que j'ai cités plus haut, et vous n'aurez rien à redouter de leurs paroles; au contraire, ils appuieront le conseil que je vous donne, et dont il me reste encore quelque chose à dire. Oui, j'ai à vous dire que celui qui retourne dans son pays sans avoir profité de son tour de France n'est point tranquille, et pour vous le prouver, je vais vous raconter le discours qu'un de mes amis me tint; le voici : « Après avoir, en cinq ans, fait mon tour de France, j'arrivai au pays et rentrai dans la maison paternelle. Comme je suis seul dans la famille exerçant la profession de mon père, comme mon père commence à prendre un âge avancé, je pensais lui succéder bientôt dans la direction, dans la conduite des travaux; je pensais avec raison devoir être placé par lui à la tête de son établissement, et cela me donnait du chagrin, et cela m'inquiétait beaucoup, et je me disais : J'ai dessiné de l'architecture et du trait ; mais je suis peu avancé, peu approfondi, peu savant sur l'une comme sur l'autre de ces branches de dessin, dont je sens aujourd'hui toute l'utilité, et je crains de rester quelquefois en affront. Si par exemple, un jour, on venait me commander un escalier tournant, ou la boiserie d'une niche avec sa calotte, ou un autel à tombeau, ou une chaire à prêcher compliquée, réunissant à elle seule tous les principes du trait, ou autre chose d'aussi difficile, d'aussi délicat, que répondre, que faire?... Dois-je entreprendre? Mais si j'entreprends, n'entendrai-je pas au fond de ma conscience une voix effrayante qui me criera : Ne crains-tu pas de ne pouvoir achever? Dois-je refuser? Mais pour lors que dira-t-on de moi? A coup sûr on dira : — Voilà un homme qui a fait son tour de France, qui est retourné au pays réputé comme bon ouvrier; nous lui confions un travail, et il le refuse ne se sentant point la capacité de le faire. Ah! valait-il la peine qu'il fît son tour de France, qu'il y restât si longtemps pour ne rien apprendre? C'est une honte pour lui! — Et ces réflexions et ces considérations me faisaient trembler, me faisaient frémir. Enfin, peu de temps après, j'eus quelques difficultés avec quelqu'un qui pourtant m'est bien cher, et j'en profitai pour m'éloigner de la maison. Je partis, je pris la route d'une grande ville en disant : Le dessin nous donne la hardiesse d'entreprendre toutes sortes d'ouvrages, et la facilité de les mener à bonne fin, par les moyens les plus courts et les plus sûrs ; le dessin nous attire l'estime et la considération des habitants de notre cité, ainsi que le respect et la bienveillance des ouvriers que nous occupons ; le dessin, en un mot, est l'âme de la menuiserie, et je m'en occuperai. En effet je m'en suis occupé ; on avait beau me dire : Cela ne vous servira jamais, vous perdez votre temps ; je dessinais toujours et je m'en trouve bien, et cela m'est journellement d'une grande utilité.

Vous venez d'entendre, jeune Affilié, ce que je vous ai dit par moi-même ; vous venez d'entendre ce que je viens de vous raconter de mon ami, et qui a quelque rapport avec mon passé, c'est-à-dire avec les sensations que j'éprouvais jadis. Maintenant je vous laisse tout à vous en vous recommandant, pour toute conclusion, de méditer sur mes paroles et de penser à l'avenir.

LE BANQUET.

Air : Giroflée au printemps.

REFRAIN.

Est-il plus heureux sort !
Notre Fête est charmante :
L'on y boit, l'on y chante
Dans un parfait accord.

Il n'est rien de plus agréabl e
Que de voir ses nombreux amis
Rangés autour de cette table ,
Où sont des vins, des mets exquis.
Quand nous fêtons notre patróne ,
Livrés aux transports les plus doux,
Approche qui voudra du trône,
Oh! nous n'en sommes point jaloux.
 Est-il plus, etc.

Sujets soumis de l'étiquette
(Un bon vieillard me l'a conté),
Les grands seigneurs dans une fête,
Ignorent la franche gaîté.
Les Compagnons, c'est autre chose;
Toujours contents, toujours joyeux,
Leur banquet est l'apothéose
Qui les élève au rang des dieux.
 Est-il plus, etc.

Non, point d'erreurs accréditées,
Point de propos adulateurs,
Point de manières affectées,
Ni de trompés ni de trompeurs.
Oui, la franchise la plus pure
Préside en ce riant salon,
Les gais disciples d'Épicure ,
Les vrais enfans de Salomon.
 Est-il plus, etc.

Vainement l'inquiet avare
Entasse trésors sur trésors :

Il passera nu le Ténare (1),
Pluton l'attend aux sombres bords,
Laissant aux niais leur abstinence.
Les Compagnons de Liberté
Savourent en paix l'existence,
Et puis vienne l'éternité !

Est-il plus heureux sort !
Notre fête est charmante ;
L'on y boit, l'on y chante
Dans un parfait accord.

(1) Le mot Ténare a deux acceptions ; anciennement
il désignait les enfers, ou un endroit souterrain du pro-
montoire de Malée, dans la Laconie, qui y conduisait.
Je l'emploie ici dans ce dernier sens.

HOMMAGE AUX POÉTES (1).

Air : A soixante ans il ne faut pas remettre, *ou du Bon
Vieillard (de Béranger).*

Sans être aimé du dieu de l'Harmonie,
Peut-on chanter comme chanta jadis
Ce Bon Accord, dont le bouillant génie
Touchait les cœurs, enflammait les esprits? (*bis*)
Oui, Marseillais, ta voix retentissante
Prédominant sur les plus beaux accords (*bis*)
Changeait soudain, tant elle fut puissante,
Les lieux muets en lieux d'heureux transports (*bis*).

Tu célébras l'antique renommée (2)
De Salomon, notre grand fondateur;
Par ta satire, incisive, animée (3),
Tu fis rougir le sot et l'imposteur.
Ton hymne saint (4) qu'à genoux je contemple,
Monta, porté sur de mâles accents,
Et retentit dans l'enceinte du temple,
Depuis la voûte à ses creux fondements.

Sans Apollon, Nantais prêt à bien faire,
Eût-il produit des odes, des chansons
D'un goût exquis, d'une diction claire,
Sur des sujets variés et féconds.
Soit qu'il chantât l'Honneur ou la Victoire (5),
Ou la Concorde ou l'Amour fraternel,
Ou Percheron et les Palmes de Gloire,
Il est profond, brillant et solennel.

Sans Apollon, ce dieu qui tout éclaire,
Nous n'eussions pas entendu tour à tour :
La Liberté n'est pas une chimère (6),
Et d'autres chants dignes de notre amour.
Il fut sans doute inspiré jeune encore (7),
Ce Bourguignon, ce La Fidélité,
Qui célébra d'une voix si sonore
L'Amour, les Arts, l'Honneur, la Liberté.

Un jour, dit-on, sur les bords de la Loire (8),
Sous des tilleuls, Lyonnais-l'Union,
Enveloppé par des rayons de gloire,
Traçait des vers dictés par Apollon;
De nos aïeux célébrait les souffrances (9),

Les fers brisés, les travaux glorieux ;
Puis il chantait les Beaux-Arts, les Sciences,
Et Salomon, roi puissant et pieux.

Nos troubadours des cordes de la lyre
Tiraient des sons touchants, mélodieux,
Que leur amour, que leur brûlant délire,
Que leurs transports poussaient jusques aux cieux
Et maintenant, nos lyres sont muettes, (10)
De nouveaux chants n'ébranlent plus les airs ;
Eveillez-vous, accourez, ô poëtes,
Et reprenez vos sublimes concerts !

———

NOTES.

(1) *Hommage aux Poëtes.*

Marseillais Bon Accord, Nantais prêt à Bien
Faire, Bourguignon, La Fidélité et Lyonnais
L'Union, le premier mort à Marseille en
1824, le deuxième établi très-près de Beaugenci, et de son ancien ami Percheron Le Chapiteau ; le troisième établi à Ecamps près
d'Auxerre ; le quatrième mort à Lyon en
1828. J'aurais voulu chanter encore quelques-
uns de nos poëtes, tels que Languedoc La Fidélité, qui nous a donné la charmante chanson :
Que l'Union est agréable ; Bordelais la Prudence, auteur si abondant et si gai, et d'autres
encore ; mais ma chanson devait avoir des
bornes, et je me suis arrêté.

(2) *L'antique Renommée,* etc.,

chanson dont voici quelques couplets :

« De Salomon l'antique renommée
Dès mon enfance avait séduit mon cœur,
Et des beaux-arts l'heureuse destinée
M'ouvre un champ libre au sentier du bonheur.
Bientôt le temps et mon faible génie
M'ont fait admettre au rang des Compagnons.
Dès ce moment je consacrai ma vie
  « A Salomon, à Salomon.

« Pour Salomon, de la belle Provence
J'abandonnai le séjour enchanteur ;
Amour, plaisirs, bonheur, douce espérance
Semblaient partout m'accorder leurs faveurs.
« Si tes appas, séduisante Émilie
Ont une fois égaré ma raison,
Pardonne-moi ; je connais ma folie,
  « Car je n'aime que Salomon. »

A Salomon donnons tous une larme,
Et que son nom à nos derniers neveux
Offre un tableau de vertus et de charmes
Qui réalise et comble tous nos vœux.
Remercions l'ingénieux Dédale *
Du talisman qui forma notre nom,
Et conservons toujours dans nos annales
  « Le nom sacré de Salomon. »

 * Dédale est ici regardé comme l'inventeur

du compas, que l'on désigne sous le nom de talisman; car on fait avec son secours des choses prodigieuses. On regarde ce talisman ou compas comme ayant formé notre nom, de *Compas, Compagnon.*

(3) *Par ta satire.*

Chanson qui commence par ces vers,

« Age d'or, règne d'Astrée,
O souvenir fortuné
« Où naquit, etc. »

(4) *Ton hymne saint,*

Chanson qui commence par ces couplets :

« Que l'écho répète en ce jour,
Jusque sous les voûtes du temple,
Les vœux, le respect et l'amour
Dont chacun de nous doit l'exemple.
Entends nos voix, grand Salomon,
Du séjour qu'habitent les sages;
C'est la voix de tes compagnons,
Qui t'offre aujourd'hui leurs hommages.

« On dit que le roi Salomon
Fit creuser, pour punir le vice,
Des cachots; moi je dis que non;
L'équité faisait sa justice.
Heureux de vivre sous ses lois,

L'orphelin retrouvait un père ;
Ce fut le modèle des rois,
« Il rendit son règne prospère. »

(5) *Soit qu'il chantât l'Honneur ou la Victoire,*
   Ou la concorde ou l'Amour fraternel,

Allusion à deux chansons de l'auteur. La
première pleine de feu et d'énergie, commence
ainsi :

« Compagnons, unissons nos voix :
Chantons !... que l'écho retentisse !
Nous sommes, encore une fois,
Les vainqueurs, malgré l'injustice.

et finit par ce couplet :

« Gloire à Percheron le Chapiteau !
Rendons hommage à sa science,
Et donnons à ce vrai Gavot
Des marques de reconnaissance.
Pays, je vous laisse ordonner
Un prix digne de sa victoire ;
Pour moi je veux le couronner
Des palmes sacrées de la gloire.

Chantons d'accord, etc. »

En citant ce couplet, je ne veux pas exciter
des discussions sur les anciennes affaires de
Montpellier ; je le cite parce que je le trouve

bien fait; voilà tout. La seconde respirant la
sagesse et des sentiments tendres, on la trouvera en entier à la fin de cette note, page 66.

(6) *La liberté n'est pas une chimère,*

Chanson dont voici deux couplets:

« La Liberté n'est pas une chimère,
Chers compagnons, je viens de l'entrevoir.
Étant instruit du plus profond mystère,
J'admire en tout les décrets du Devoir;
A le servir j'emploierai tout mon zèle;
J'en fait serment le matin et le soir.
Jusqu'au tombeau je resterai fidèle
A Salomon, à l'honneur, au devoir.

« J'acheverai le cours de mon voyage
En fils aimé du grand roi Salomon;
Je veux encore, au déclin de mon âge,
Avec respect prononcer ce grand nom,
Car dans les Cieux un héritage immense
De paix, de gloire et d'éternel bonheur
Sera vraiment donné pour récompense
D'être fidèle au devoir, à l'honneur.»

(7) *Il fut sans doute inspiré jeune encore,*

On peut voir, page 68, une chanson qu'il
composa étant encore affilié.

(8) *Sur les bords de la Loire,*

Allusion au premier couplet de cette chanson:

« Sur les bords riants de la Loire,
Apollon m'inspire à chanter
Les Compagnons couverts de gloire
Du beau Devoir de Liberté.
  Oh! quelle jouissance
De nous voir dans chaque pays,
  Et sur le tour de France,
En bons Frères, et vrais amis.
      Vivent les sciences,
      L'intelligence ;
      Gloire aux talents !
      Vive le nom
      De Salomon !
      Vive le nom
    « De Salomon !»

(9) Allusion à une chanson dans laquelle l'auteur remonte au berceau du Compagnonage, et parle des beautés de la Judée, de la Captivité de Babylone, de la Délivrance, du Retour à Jérusalem, etc., etc.

(10) *Et maintenant nos lyres sont muettes,*
De nouveaux chants n'ébranlent plus les airs.

Depuis que j'ai composé cette chanson, plusieurs poëtes ont rompu le silence, et fait entendre des chants nouveaux. Je citerai entre autres, Bordelais La Clef des Cœurs, L'Angevin la Sagesse, Dauphiné Lombard, affilié.

Je crois devoir placer à la suite de ces notes quelques chansons anciennes et nouvelles de divers poëtes.

CHANSON DE RÉCEPTION,

PAR NANTAIS PRÊT A BIEN FAIRE.

AIR connu.

De nous admettre parmi vous
Aujourd'hui l'honneur vous nous faites.
Fut-il un jour plus beau pour nous?
Du bonheur nous touchons aux faîtes.
Nos cœurs, pénétrés de plaisirs,
S'abandonnent à la douce ivresse
De suivre, selon vos désirs,
Les traces de votre sagesse.

O vous maîtres et professeurs
Qui nous guidez dans nos ouvrages,
Daignez recevoir de nos cœurs
Le plus sincère et pur hommage.
Veuillez continuer sur nous
Vos soins et votre bienveillance;
Nos cœurs seront toujours pour vous
Pénétrés de reconnaissance.

Toi, bienfaitrice des mortels,
Amitié, sensible déesse,
Au pied de tes sacrés autels

Ensemble nous jurons sans cesse
De n'avoir tous que même accord,
Qu'une âme et qu'une même vie,
Et de vivre jusqu'à la mort
Dans une douce sympathie.

C'est par l'union que se maintient
Toute société du monde ;
Sans elle rien ne se soutient,
Tout tombe dans la nuit profonde.
Depuis des siècles infinis
Que nous datons notre existence,
Nous n'en sommes que plus unis,
Je vous en donne l'assurance.

Respectable Société,
Oui, nous nous aimerons sans cesse.
An nom de la fraternité
Joignons celui de la tendresse.
Les hommes qui n'ont pas d'amis
Sont bien malheureux sur la terre :
Avec eux rien ne réjouit,
Avec nous tout aime à se plaire.

Salomon, le grand fondateur
Du corps dont vous êtes les membres,
A fait passer dans notre cœur
Le beau devoir qu'il vous fit prendre.
Pleins de ces sentiments si beaux
Qu'inspire un si puissant génie,
Oui, nous jurons d'être gavots
Jusqu'au dernier jour de la vie.

CHANSON

QUE BOURGUIGNON LA FIDÉLITÉ COMPOSA ÉTANT
ENCORE AFFILIÉ.

AIR :

Faisons retentir cette ville
Du nom du grand roi Salomon,
Il excite les plus habiles
A la noble émulation ;
Du nord au midi de la France
Faisons résonner les échos
Des noms de gloire et de vaillance (*bis*)
Dus à nos compagnons gavots.

Les œuvres les plus difficiles
Leur doivent naissance et beautés,
Et les travaux les plus utiles
Sous lui furent exécutés.
Minerve en est la protectrice,
Nous marchons sous ses étendards ;
Cette déesse bienfaitrice (*bis*)
Aime à protéger les beaux-arts.

Un vaisseau battu par l'orage,
Flottant sur le bassin des mers,
Ressemble notre compagnonage
Luttant contre de grands revers.

Oui, sur l'océan de la vie,
S'en va flottant d'un noble orgueil,
Bravant la discorde ennemie, (*bis*)
La tempête comme l'écueil.

Vive le bleu, le blanc sans tache;
Gloire à nos célestes couleurs,
Qu'à son côté on les attache,
Et qu'on les porte avec honneur.
C'est la marque de l'alliance
Des enfants du grand Salomon,
Les signes de reconnaissance
De nos honnêtes compagnons.

O vous dont l'âme est noble et fière!
Gais compagnons, chanteurs charmants,
Souffrez qu'un affilié sincère,
A vos accords mêle ses chants;
Il craint qu'un peu trop de hardiesse
Ne vous blesse dans sa chanson;
Mais, s'il n'a pas votre sagesse,
Il a la même intention.

CHANSON SUR LA MENUISERIE,

PAR BOURGUIGNON LA FIDÉLITÉ.

AIR : De ma Normandie.

Dans les palais, dans la chaumière
Le menuisier porte son art;

Partout cet art est nécessaire,
Partout il flatte le regard ;
Il joint l'utile à l'agréable,
Il sert le luxe et le bon goût.
Amis, chantons cet art aimable,
Qu'on est heureux de rencontrer partout.

Une forte menuiserie
Doit fermer tous nos bâtiments ;
Dans l'intérieur sa symétrie
Décorer nos appartements ;
Dans les salons de l'opulence
Les yeux charmés, les yeux surpris,
Souvent admirent l'élégance
Des beaux parquets, des superbes lambris.

Cet art étale sa richesse
Dans les temples de l'Eternel ;
Il les décore avec noblesse,
Il embellit jusqu'à l'autel.
Quand les ordres d'architecture
Par lui sont bien exécutés,
Leur riche et superbe structure
Présente alors beaucoup plus de beauté.

Qui sait bien la menuiserie
Possède aussi d'autres talents :
Principes de géométrie,
Dessin, calcul, lavis des plans.
A d'autres arts cet art s'applique ;
Il les aide de son concours,

Imprimerie et mécanique
Viennent souvent réclamer son secours.

L'ACTE DE GRACE.

CHANSON PAR L'ANGEVIN LA SAGESSE.

AIR : France, tu dors.

Grand Salomon! je chante pour ta gloire,
Je suis admis au rang de tes soutiens,
Et je saurai conserver la mémoire
D'avoir été reçu parmi les tiens.
  Grand Salomon! (*bis.*)

Grand Salomon! je jure d'être fidèle,
Je me soumets à tes augustes lois;
Pour les soutenir j'emploierai tout mon zèle,
Car tu es le plus juste des rois.
  Grand Salomon! (*bis.*)

Grand Salomon! je suivrai ton exemple,
Tu le traças à tous nos compagnons,
Et maintenant jusqu'aux voûtes du temple,
A haute voix je porterai ton nom.
  Grand Salomon! (*bis.*)

Grand Salomon! du temple de la gloire
Que jusqu'à toi s'élèvent mes accents,

Etant assis au trône de mémoire
Jette les yeux sur tes dignes enfants.
    Grand Salomon! (*bis.*)

Grand Salomon! par ces chants d'allégresse,
Entends la voix d'un nouveau compagnon;
Son cœur encore est palpitant d'ivresse
Du souvenir de sa réception.
    Grand Salomon! (*bis.*)

LA SAINTE ANNE.

AUTRE CHANSON DE L'ANGEVIN LA SAGESSE.

REFRAIN,

Air : Éteignons les lumières.

Le jour de notre fête
Chantons sainte Anne et Salomon,
Et que chacun répète
Honneur aux compagnons.

Ah! que pour nous ce jour est beau,
    Que notre fête est belle;
Chantons donc un refrain nouveau
    Et redoublons de zèle!
    Élevons tous notre voix
    Et chantons tous à la fois:
        Le jour de notre fête
        Chantons, etc.

Tous les convives sont joyeux
Autour de cette table,
Vivent le vin délicieux
Et les mets délectables ;
Quoi ! dans leurs festins pompeux
Les rois sont-ils plus heureux ?
    Le jour de, etc.

Chassons loin de nous le chagrin
Qui tant d'hommes dévore !
Pour nous le passé n'est plus rien
   L'avenir rien encore ;
   Car tout en nous amusant
   Nous ne prenons qu'au présent !
    Le jour de notre, etc.

Que nos voix frappent les échos
   Afin qu'ils retentissent ;
   Que des gais et joyeux gavots
   Les verres se remplissent,
Faisons sauter les bouchons
Et retentir les chansons :
    Le jour de notre, etc.

———

Je pense que la Société me saura gré de lui avoir reproduit les quelques chansons qui précèdent : j'aurais pu lui en donner d'autres qui sont très-poétiques, mais leur caractère violent ne me permettait pas de les insérer dans ce cahier.

LES VOYAGEURS.

Air : C'est ma Lison, ma Lisette.

REFRAIN.

Nous voyageons dans la France
Avec constance ;
Nous voyageons
En courageux compagnons.

Le soleil du printemps,
Par sa douce influence,
Charme les habitants
Des villes et des champs.

Nous voyageons, etc.

Les arbres sont fleuris,
Le gazon en croissance,
Les oiseaux réunis,
Chantent et font leurs nids.

Nous voyageons, etc.

Sous la voûte des cieux
Tout reprend l'existence ;
La nature en tous lieux
Parle au cœur comme aux yeux.

Nous voyageons, etc.

Amis, doublons le pas,
Abrégeons la distance;
Les travaux ici-bas
Seraient-ils sans appas?

   Nous voyageons, etc.

Laissons aux êtres mous
La funeste indolence;
Après la peine, à nous
Les plaisirs sont plus doux.

   Nous voyageons, etc.

Les peines, les soucis,
A la seule présence
De nos joyeux amis,
Tombent anéantis.

   Nous voyageons, etc.

Nous sentons en chemin
Parfois, quelque souffrance;
Mais dans un clair lointain
Nous attend le festin.

Nous voyageons dans la France
   Avec constance;
   Nous voyageons
En courageux compagnons.

LE PARTANT AMOUREUX.

[ROMANCE.

Air : Reviens dans ta patrie.

REFRAIN.

En Compagnon fidèle,
En pur et tendre amant,
Au devoir, à ma belle,
Je demeure constant. (*bis.*)

Entends au loin, ô ma fidèle amante,
Ces chants joyeux qui frappent les échos ;
Ils sont poussés par une troupe ardente
De compagnons, d'intrépides gavots.
Quand le printemps reverdit les bocages,
Quand la nature orne son sein de fleurs,
Sur les chemins, sur les mers, sur les plages,
Vont s'agitant de nombreux voyageurs.

En Compagnon fidèle, etc.

A ces seuls mots : *voyageurs* et *voyage,*
Je vois tes traits qui s'altèrent soudain ;
Des pleurs brûlants coulent sur ton visage,
Et des soupirs soulèvent ton beau sein.
Reprends courage, ô mon unique amie,

Aux compagnons j'obéis sans débats ;
Mais loin d'ici puis-je chérir la vie ?
Mais puis-je vivre aux lieux où tu n'es pas ?

En Compagnon, etc.

Dans les cités ou dans un lieu sauvage,
Dans un tumulte ou seul, sombre et rêveur,
Je croirai voir ta séduisante image,
Et ta puissance agira sur mon cœur.
Le sentiment que ton regard m'inspire,
Cet amour pur, brûlant, délicieux,
Qui me plongeait dans le plus doux délire,
Règne à jamais sur mon être amoureux.

En Compagnon, etc.

Mais entends-tu cette voix éclatante,
Puissante voix d'un digne compagnon ?
Elle me dit de quitter mon amante,
De me soumettre aux lois de Salomon.
O toi, Lisa, toi dont l'âme est si pure,
Sèche tes pleurs, calme ton désespoir.
En amant vrai, je le dis, je le jure :
Je reviendrai, Lise, Lise, au revoir (1).

En Compagnon fidèle,
En pur et tendre amant,
Au devoir, à ma belle,
Je demeure constant.

————————

(1) A peine cette chanson fut-elle terminée, qu'un Compagnon, que j'appellerai l'Inconstant, pour ne pas dire plus, s'approcha du partant, et lui dit : — Vous promettez de revenir avec l'intention de tenir parole?

LE PARTANT.

Pourquoi non?

L'INCONSTANT.

C'est que maintes fois j'ai fait de semblables promesses, que je ne devais point tenir.

LE PARTANT.

Et vous n'avez rien à vous reprocher?

L'INCONSTANT.

Rien. Sur cet article, on n'en peut trop faire.

LE PARTANT.

A la bonne heure.

L'INCONSTANT.

A Châlons, à Nantes, et surtout à Marseille, j'ai fait parler de moi.

LE PARTANT.

Comment cela?

L'INCONSTANT.

Je les ai joliment attrapés.

LE PARTANT.

Qui?

L'INCONSTANT.

Ecoutez-moi. J'avais pour ami à Marseille un jeune homme de la ville. Il me mena un jour chez ses parents ; il avait une sœur ; je la vis, j'en fus amoureux, je le lui exprimai le plus tôt possible. Mes sentiments furent peu à peu partagés ; les parents m'accueillirent avec bonté, car j'avouais des intentions honnêtes ; je fus aimé, chéri de toute la famille.

LE PARTANT.

Et vous la chérissiez aussi?

L'INCONSTANT.

C'étaient de bien bonnes gens. A la fin il fut question de faire venir mes papiers ; j'écrivis à mon pays, j'y avais un correspondant de mes amis, et qui avait le mot. A toutes les lettres pressantes que j'envoyais, il faisait des réponses évasives, et les papiers nécessaires au mariage n'arrivaient toujours pas. A la fin, je vis le papa devenir mécontent ; quelque chose roulait dans sa tête, je fus au-devant et je lui dis : Papa Briant, je m'impatiente, si mon pays n'était pas si éloigné, ou, pour mieux dire, si j'avais de l'argent pour faire un si long voyage, j'irais chercher moi-même ce qu'on me fait

attendre depuis trop longtemps. — Quelle
somme te faut-il? — Trois cents francs. — Tu
les auras. — Mais j'aurais besoin aussi d'être
habillé de neuf, car je ne voudrais pas me présenter chez mes parents sans être proprement
mis.—Je t'accorde tout ce que tu désires.—Je
fus donc habillé en beau drap, je reçus trois
cents francs en or, ma tendre Cécile me remit
encore quelque chose en cachette, et je partis
en leur témoignant combien je serais impatient
de les revoir et de les embrasser. Ah! je les ai
bien attrapés.

LE PARTANT.

Attrapés ?

L'INCONSTANT.

Oui, j'ai eu de ces bonnes gens tout ce que
je pouvais désirer. Je ne désire plus rien ; ils
m'ont assez vu.

LE PARTANT.

Et vous êtes content de vous ?

L'INCONSTANT.

Très-content.

LE PARTANT.

Et votre conscience ne vous reproche rien ?

L'INCONSTANT.

Rien. Qu'ai-je fait, du reste! un bon tour ?

LE PARTANT.

Dites un mauvais tour !

L'INCONSTANT.

Expliquez-vous.

LE PARTANT.

Vous avez votre père et votre mère ?

L'INCONSTANT.

Oui.

LE PARTANT.

Vous avez une sœur ?

L'INCONSTANT.

Oui.

LE PARTANT.

Supposez maintenant que vous êtes dans votre pays, que vous y avez un ami que vous menez chez vos parents, que cet ami se fait aimer de votre sœur, qu'il gagne la confiance de toute votre famille, qu'un mariage est convenu, que, pour l'accélérer, le prétendu doit faire un voyage dans son pays, qu'il se fait habiller aux frais de vos parents, qu'il se fait prêter de l'argent par votre père, qu'il part enfin, et qu'il ne revient plus. Si vous apprenez dans la suite que votre ancien ami se moque

7.

de votre père et de votre mère, qu'il insulte, qu'il diffame, qu'il calomnie votre sœur et la traîne dans la boue, que direz-vous?

L'INCONSTANT.

Qu'il est un fripon, une canaille, un lâche, et j'irai le chercher partout pour le tuer.

LE PARTANT.

Votre emportement me plaît. Vous êtes donc un fripon, une canaille, un lâche; vous méritez donc la mort?

L'INCONSTANT (*après un moment de silence*).

Je suis confondu; ne m'en dites pas davantage. J'ai tort; je comprends toute l'étendue de ma mauvaise action.

LE PARTANT.

Vous reconnaissez vos torts; il faut les réparer.

L'INCONSTANT.

Je les réparerai.

LE PARTANT.

Il est permis de s'amuser, mais il ne faut jamais faire du mal à ceux qui nous font du bien, il faut toujours être honnête homme.

L'INCONSTANT.

Je le sens.

LA FRATERNITÉ.

Air : De ma Normandie.

Quand je sortis d'apprentissage,
A peine savais-je le nom
De la famille grande et sage
Du pacifique Salomon.
Le hasard seul put m'introduire
Dans l'aimable société,
Où tout exhale, où tout respire,
Le charme heureux de la fraternité.

Il existe encor dans la France
De nombreuses sociétés (1),
Où sont cumulés l'ignorance,
Les abus, les absurdités.
Là, le plus rude fanatisme
Frappe, proscrit la vérité ;
Là, le plus brutal despotisme
Foule et détruit toute fraternité.

Mais chez nous tout sociétaire,
Petit ou grand, jeune ou grison,
L'affilié, le dignitaire
Sont vrais frères en Salomon.
Eh ! qui n'aimerait à voir comme
Le beau Devoir de Liberté
Infiltre dans le cœur de l'homme
Le saint amour de la fraternité.

L'on voit dans une vaste salle (2)
Nos compagnons, nos jeunes gens,
D'une aptitude sans égale
Cueillir, répandre les talents.
Chacun, pénétré d'un beau zèle,
Jette ou reçoit quelque clarté,
Dans cette école mutuelle
D'art, de science et de fraternité.

La pâle, la sombre tristesse
Habite-t-elle parmi nous?
Non, mais la paix et l'allégresse,
Mais les sentiments les plus doux.
Ceux qu'un grand roi prit pour apôtres
Redoutent peu l'adversité,
S'appuyant les uns sur les autres,
Forts et puissants par la fraternité.

O vous qui sortis de l'enfance
Et pleins de nobles sentiments,
Entreprenez le tour de France,
Venez vous placer dans nos rangs.
Venez, venez, belle jeunesse,
Entendre sans humilité,
Et les leçons de la sagesse,
Et les accents de la fraternité.

_____

NOTES.

(2) *Il existe encor dans la France*
    De nombreuses sociétés,
    Où sont, etc.

Je crois pouvoir me dispenser de nommer les sociétés où sont cumulés l'ignorance, les abus, les absurdités ; je veux même ne point ouvrir la bouche au sujet de leur fanatisme, mais j'ai quelques mots à dire sur les conséquences de leur despotisme.

On se demande quelquefois pourquoi les Compagnons du Devoir et leurs aspirants ont si souvent des scissions entre eux. Je crois pouvoir résoudre la question. Pourquoi ? parce que les lois qui les régissent n'ont jamais été réformées, améliorées; parce que, de nos jours comme dans les temps féodaux, les Compagnons veulent faire de leurs aspirants ce que les anciens seigneurs faisaient de leurs serfs. Les serfs se sont révoltés, se sont affranchis; les aspirants se révoltent, s'affranchissent de même; aussi voit-on à Lyon, à Marseille, à Bordeaux, à Nantes et dans toutes les grandes villes de France, des aspirants qui se sont séparés d'avec leurs compagnons, et ont formé une société distincte, dite *Société de l'Union ou des Indépendants*. Ces indépendants font une guerre continuelle à ceux qui voulaient être leurs maîtres absolus. Ainsi ceux qui voulaient avoir des esclaves n'ont trouvé que des ennemis.

J'invite les Compagnons du Devoir à ouvrir les yeux sur les conséquences de leur vieux système sans justice ; je les invite enfin à suivre une marche analogue au temps où nous sommes. Car malheur à ceux qui s'opposent aux progrès de la raison humaine; il viendra un temps où chacun voudra jouir de ses droits!

(2) *L'on voit dans une vaste salle*, etc.

L'on voit dans plusieurs villes notre société entretenir, pour l'instruction de chacun de ses membres, de vastes écoles de dessin. N'est-ce pas beau, n'est-ce pas intéressant de voir les Compagnons, les affiliés, tous mêlés, tous confondus, s'encourageant, s'excitant les uns par les autres, travailler avec attention et persévérance pour acquérir des talents utiles? Celui-ci résout un problème géométrique; celui-là projette des lignes et développe les courbes les plus tortueuses; l'un dessine le feuillage d'un chapiteau corinthien; l'autre, à l'aide des pinceaux trempés dans l'encre de Chine délayée, imitant les clairs et les ombres, donne du relief et de la grâce aux objets qu'il représente sur le papier. D'autres mettent la théorie en pratique, et, armés des instruments propres à couper le bois, exécutent toute sorte de modèles. Ici on voit couper, tracer, débillarder; là on voit jouer les scies, les rabots, les ciseaux et les limes, et des ouvrages finis et élégants sortent enfin des mains des élèves. Aussi ces salles prennent-elles l'aspect de petits musées, et les yeux se promènent avec plaisir sur les rayons qui les entourent, et sur lesquels sont placés une infinité de petits modèles: la on voit des escaliers, des portes cintrées en plan et en élévation ; des autels à tombeaux, des calottes, des voussures, des dômes, des baldaquins, des confessionnaux, des chaires à prêcher, et tout ce que le trait et l'architecture ont de plus beau et de mieux combiné. Les professeurs, choisis habituellement parmi les Compagnons les plus éclairés, donnent tous leurs soins à leurs nombreux élèves, et les élèves eux-mêmes, complaisants les uns pour les autres, se donnent réciproquement des avis : les connaissances sont en commun. Ainsi ces écoles, quoique instituées sur d'anciennes bases, n'en offrent pas moins quelque chose de nouveau, et je crois pouvoir dire d'elles que ce sont des écoles mutuelles d'arts, de science et de fraternité.

Honneur aux Compagnons sages et éclairés qui ont eu l'heureuse idée d'ouvrir ces écoles ! honneur à la Société qui les a si bien compris ! Je ne serais point surpris d'entendre dire prochainement que notre Société a ouvert dans toutes les villes du Tour de France des écoles semblables.

C'est par de tels moyens que l'on acquiert à juste titre l'estime et la bienveillance de tout le monde.

REMERCIMENT A LA SOCIÉTÉ.

AIR : Laissez reposer le Tonnerre.

Après avoir, pendant cinq ans,
Chers Compagnons, voyagé dans la France,
Je vois apparaître le temps
De rentrer satisfait au lieu de ma naissance.
Je reverrai bientôt, enfin,
De bons parens et des amis sincères;
Ce plaisir n'est pas sans chagrin,
Quand il faut quitter tant de frères. (*bis.*)

Non, il n'a jamais existé
Société plus sage et mieux basée;
Oui, le Devoir de Liberté
Doit être apprécié comme une œuvre avancée.
Le chef n'obtient de grands pouvoirs
Que du concours de nos voix populaires;
Sa place impose des devoirs,
Dont il rend compte à tous ses frères. (*bis*).

L'Affilié, le Compagnon
Doivent aux lois, l'un, l'autre obéissance.
Chez les enfans de Salomon,
Thémis ne quitte point sa divine balance.
Le devoir nous rend tous égaux;
Nous partageons fortunes et misères,
Mais, plus de plaisirs que de maux;
L'on est si bien avec ses frères. (*bis.*)

Nous repoussons avec fierté
Les préjugés, l'orgueilleuse ignorance ;
Nous chérissons l'humanité,
Nous cultivons en paix les arts et la science.
Un jour viendra que nos rivaux
Seront contraints d'abjurer leurs colères,
Et d'estimer dans les Gavots (1)
Une pépinière de frères. (*bis.*)

Dans peu je serai de retour
Au doux pays qui berça mon enfance ;
Là, je penserai chaque jour
A mes instants passés sur le beau Tour de France ;
Je chanterai, rempli d'ardeur,
Le saint pouvoir de nos lois salutaires,
Et sentirai toujours mon cœur
Battre au souvenir de mes frères. (*bis.*)

NOTE.

(1) Au sujet du mot *Gavot,* j'ai quelques observations à présenter ; je ne veux pas chercher l'étymologie, le dérivé de ce mot, mais je veux constater que les journaux (ceux de Paris surtout) tombent communément dans l'erreur, lorsqu'ils parlent du Compagnonage, et pour le prouver, je n'ai qu'à citer un fait tout récent. *Le Constitutionnel* du 16 septembre 1836 dit : « Hier, vers minuit, un vacarme affreux a troublé pendant quelques in-

stants la tranquillité habituelle des habitants du faubourg Saint-Germain; une centaine d'ouvriers charpentiers, les uns, Compagnons du Devoir, les autres, simples Gavots, c'est-à-dire *non encore initiés*, étaient aux prises au milieu de la rue, où de part et d'autre, etc. »

Le Constitutionnel fait assurément une erreur, en avançant que les Gavots étaient aux prises. Je puis certifier que ceux-ci n'ont connu l'affaire dont il parle que par les détails qu'il en donne. Il fait une erreur plus grande encore, en qualifiant les émules des Compagnons du Devoir, de *simples Gavots* ou non encore initiés. Les Gavots ne sont point les non-initiés, ou les subordonnés des Compagnons du Devoir, mais ils sont les membres d'une société industrielle, qui prend son origine dans les temps les plus anciens, qui reconnaît Salomon pour fondateur, qui se soutient, qui s'accroît, qui s'éclaire et se perfectionne suivant la marche des temps et les progrès de la raison, autant qu'une société de jeunes ouvriers voyageurs peut le faire.

Si le *Constitutionnel* avait su que les Compagnons charpentiers gouvernent leur société par des lois, ou des caprices absurdement tyranniques; qu'une fraction de leurs *Renards* ou non encore initiés, s'étant parés du nom de *Renards-de-Liberté*, ont aspiré à l'indépendance; le *Constitutionnel* aurait facilement compris alors que la guerre du fau-

bourg Saint-Germain était une guerre de
principes, la guerre des esclaves se régénérant
contre les oppresseurs obstinés à ne point
changer de système.

L'ANCIEN COMPAGNON.

Air : Honneur aux enfants de la France.

Un de nos anciens Compagnons,
Dont le cœur aime la droiture,
Dont l'âme est courageuse est pure,
Poussait au loin ces cris profonds :
Compagnons de tous les Devoirs,
Soyez sans haine, sans colère
Et soumettez-vous aux pouvoirs
D'un temps où tout se régénère,
Se régénère.

REFRAIN.

Oui, la Société chérie
Du beau Devoir de Liberté,
D'une voix puissante vous crie :
N'outragez pas l'humanité ! (bis.)

Laissez circuler les passants,
N'attaquez jamais vos émules
Par des grimaces ridicules,
Par des cris vils et menaçants.
De quel droit, comment osez-vous,

Exerçant votre affreux topage,
Frapper, mutiler sous vos coups,
L'homme paisible en son voyage,
      En son voyage ?

Oui, la Société, etc.

Si vous rencontrez en chemin
Un jeune et timide adversaire,
Surpris de froid et de misère,
Couvrez son corps, calmez sa faim.
Dans tous les temps, dans tous les lieux,
Un acte saint de bienfaisance
Exhale un air délicieux,
Qui rafraîchit la conscience,
      La conscience.

Oui, la Société, etc.

Dédaignant les progrès du temps,
D'un sérieux sombre et bizarre,
Vous singez le chien du Tartare
Dans ses horribles hurlements.
Peut-on ainsi, se dégradant,
Outrager notre beau langage,
Et s'abaisser évidemment
Au-dessous du Lapon sauvage,
      Lapon sauvage !

Oui, la Société, etc.

Etes-vous enfin clairvoyants ?
N'enseignez plus le fanatisme;

Mettez un terme au despotisme
Qui pèse sur vos aspirants.
Du chaos il faut s'arracher,
Fuir les ténèbres, fuir le vice,
Et comme le siècle marcher,
Vers la lumière et la justice,
  Et la justice.

Oui, la Société, etc.

Fraternité, chez les humains,
Exerce ta douce influence ;
Fais sentir aux fils de la France
Tes faveurs, tes charmes divins.
Que les Compagnons plus heureux,
Oubliant leurs funestes guerres,
Puissent se voir, s'aimer entre eux,
Comme des amis et des frères,
  Et des frères.

Oui, la Société, etc.

Les enfants du roi Salomon
Prêtent l'oreille aux voix des hommes
Prêchant, dans l'époque où nous sommes,
Et la concorde et la raison.
Veuillez de même, ô nos rivaux !
Prenant l'esprit d'un nouvel âge,
Concevoir que des jours plus beaux
Doivent luire au Compagnonage,
  Compagnonage.

8.

Oui, la Société chérie,
Du beau Devoir de Liberté,
D'une voix puissante vous crie :
N'outragez pas l'humanité.

UN MOT POUR MOI.

Comme dans cette chanson j'attaque le topage, les hurlements, les duretés des Compagnons du Devoir envers les aspirants, je crois
devoir déclarer ici que ce n'est point par mé-
chanceté que je le fais. J'appartiens à une
Société que j'estime et que j'aime, mais je
suis loin d'être l'ennemi acharné des autres
Sociétés. J'ai dans celles-ci des amis inti-
mes, dont j'honore les talents et les vertus,
et je ne m'en cache nullement. Ce ne sont donc
pas les hommes que j'attaque, mais des abus
révoltants, des préventions aveugles, des bizar-
reries anciennes et qui doivent avoir un terme,
et rien de plus.

Parlant contre l'intolérance, serais-je intolé-
rant moi-même? Parlant de fraternité, n'en
sentirais-je point le prix? Mon esprit serait-il
sans impartialité et mes pensées et mes paroles
sans portée? J'ai certainement composé ce Recueil avec des idées de progrès et dans un but
utile : ai-je réussi? O vous, Compagnons du
Devoir de Liberté, vous qui avez approuvé la

première partie de mes chansons, puissiez-vous approuver celle-ci de même, et vous aurez répondu affirmativement à ma dernière question !

CHANSON

CHANTÉE PAR Mme JOANNI LE JOUR QU'ELLE QUITTA SON ANCIENNE MAISON ET LES COMPAGNONS, POUR SE RETIRER SEULE AVEC SON MARI, DANS UNE JOLIE CAMPAGNE PRÈS DE PARIS.

AIR :

Voilà vingt ans qu'un sort heureux,
Foulant aux pieds la loi d'usage *,
M'entoura d'un essaim nombreux
D'aimables enfants de tout âge.
Depuis ce temps avec fierté
Je m'avouais à tous la Mère
Des Compagnons de Liberté,
D'une famille si prospère.

Oh ! pour moi c'était un bonheur
De vous voir et de vous entendre.
Vos accents parlaient à mon cœur
Et s'en faisaient toujours comprendre.
Et c'est pourquoi, jeunes amis,

* Elle n'eut d'enfants que ceux qu'elle avait adoptés, les Compagnons.

J'éprouve des peines secrètes
A quitter les murs de Paris,
Surtout le logis où vous êtes.

Mais quel plaisir si quelque jours
Je vois dans mon champêtre asile,
Entrer sans bruit, et sans détour
Un de mes fils de la grand'ville !
Je nourris ce riant espoir,
Mes Compagnons, mes enfants sages,
Un jour je pourrai vous revoir
Au sein de mes épais feuillages.

HYMNE A SALOMON.

Air : Grand Salomon, sois-nous propice.

Que nos concerts
A l'univers
Disent le nom
Du puissant Salomon.

Mille ans avant l'ère chrétienne
Sous le ciel bleu de l'Orient,
Sur la terre Chananéenne,
Régnait un prince bienfaisant.
Ce roi, fils d'un foudre de guerre,
Détesta les fureurs de Mars,
Et fit renaître les beaux-arts
Dans le sein d'une paix prospère.

Que nos concerts,
A l'univers
Disent le nom
Du puissant Salomon.

Du vivant d'un père qui l'aime,
Et n'ayant pas vingt ans encor,
Il ceint sont front du diadème,
Et prend en main le sceptre d'or.
Dès lors la pieuse Judée,
Calmant son esprit agité,
Vécut dans la sécurité,
Paisible, heureuse et fécondée.

Que nos concerts,
A l'univers
Disent le nom
Du puissant Salomon.

Dans les vallons, sur les collines
On entend des accents joyeux,
Célébrer par de nobles hymnes
Celui qui rend son peuple heureux.
Comme le campagnard rustique,
L'humble habitant de la cité
Livre son cœur à la gaîté,
Et chante aussi la paix publique.

Que nos concerts,
A l'univers
Disent le nom
Du puissant Salomon.

Dans ses grandes et riches villes,
Vont, s'élevant de toutes parts,
Sous les mains d'artistes habiles,
Des travaux, prodiges des arts.
Mais une œuvre sainte et profonde,
Fut ce temple majestueux,
Digne du monarque des cieux,
Digne du souverain du monde.

Que nos concerts,
A l'univers
Disent le nom
Du puissant Salomon.

Oh! qu'il fut juste et magnanime,
Le favori du Tout-Puissant;
Oh! que sa vertu fut sublime,
Et son règne resplendissant!
Oui, sur le plus lointain rivage,
Comme sur le bord du Jourdain,
Le peuple aima le souverain
Qui fut et si grand et si sage.

Que nos concerts,
A l'univers
Disent le nom
Du puissant Salomon.

FIN DU DEUXIÈME CAHIER.

FIGURES DE GÉOMÉTRIE

DE LA PLUS GRANDE UTILITÉ.

La géométrie a, dit-on, pris naissance dans la vieille Égypte. Tous les ans, à des époques périodiques, les eaux du Nil sortent de leur lit, inondent les campagnes et détruisent les limites des champs. Quand les eaux s'étaient retirées, chaque individu ne pouvait plus retrouver l'étendue fixe de son champ, de sa propriété. On eut alors recours au mesurage, et la géométrie naquit insensiblement.

Quoique je vous aie parlé de géométrie, je n'ai pas la prétention de vous en faire un cours, mais je vous en donnerai quelques termes et quelques figures d'un usage fréquent. (*Voy.* pl. 1.)

Lignes.

Il y a deux genres de lignes, la droite et la courbe.

La ligne droite est considérée comme le chemin le plus court d'un point à un autre. (*Voy.* fig. 1.)

La ligne courbe prend une voie détournée,

et parcourt un plus long espace pour se rendre d'un point à un autre. (*Voy.* fig. 2.)

La ligne mixte est un composé de droit et de courbe ; elle se forme de la réunion des deux premières. (*Voy.* fig. 3.)

Les lignes reçoivent un nom de leurs formes, elles en reçoivent un autre de leurs positions.

La ligne parallèle est celle qui, posée à côté d'une autre ligne, la longe toujours sans s'en éloigner ni s'en rapprocher plus d'un bout que de l'autre. (*Voy.* fig. 4.)

La ligne horizontale est celle qui est parallèle à l'horizon *, ou de niveau. (*V.* fig. 5.)

Un fil au bout duquel serait suspendu un petit plomb prendrait une position fixe, et n'inclinerait ni à droite ni à gauche. Si vous tiriez une ligne parallèle à ce fil, elle se nommerait ligne d'aplomb ou verticale. (*Voy.* fig. 6.)

La ligne perpendiculaire est celle qui pose d'équerre sur une ligne droite, placée n'importe comment, qui lui sert de base. (*Voy.* fig. 7.)

---

* Jetez la vue dans l'espace aussi loin que vous pourrez : l'endroit où vous voyez la terre et les cieux se toucher est l'horizon ; regardez fixement, tournez sur vous-même, vous verrez comme un immense cercle de niveau qui semble joindre la terre aux cieux, c'est ce cercle horizontal qui a donné le nom à la ligne horizontale.

Ces deux lignes sont perpendiculaires l'une à l'autre.

La ligne ponctuée est celle qui dans le dessin d'un ouvrage représente les arêtes invisibles ou de faux parements. (*Voy.* fig. 8.) Elle n'est le plus souvent qu'une ligne d'opération dont on s'aide, et qui ne représente rien, comme on peut le voir dans les figures suivantes, 9, 10, etc.

Trait carré (fig. 9).

La ligne A étant faite, ouvrez votre compas plus ou moins, et décrivez les deux arcs de cercle que vous voyez. Ces arcs, en se rencontrant par leurs extrémités, vous donnent les deux points *a, b*. Faites passer une ligne droite par leur intersection, elle sera perpendiculaire ou d'équerre à la ligne A.

Trait carré au bout de la ligne (fig. 10).

Vous avez au bout de la ligne A le point *c*; vous voulez de ce point monter une ligne perpendiculaire à la ligne A; posez une pointe du compas sur le point *c*, ouvrez-le plus ou moins, et approchant dans la direction du point *d*; ayant ce point, qui vous sert de centre, décrivez une ligne circulaire qui parte de la ligne A, passe sur le point C, et se prolonge indéfiniment *. Tirez une ligne qui parte du point *c*, passe sur le point de centre,

---

* Quand je dis indéfiniment, c'est prolonger la ligne plutôt plus que moins.

9

et se prolonge jusqu'à la rencontre de la ligne circulaire : vous aurez le point *f*; tirez du point *f* au point *c* une ligne droite, elle sera d'équerre à la ligne A.

Faire passer une circonférence par trois points donnés. — *Les trois points perdus* (fig. **11**).

Ayant les trois points *a*, *b*, *c*, placés n'importe comment *, et voulant trouver leur point de centre commun, posez votre compas sur le point *a*, ouvrez-le à peu près vers le point *b*, décrivez un arc; portez votre compas sur le point *b*, décrivez un autre arc; faites passer sur leurs points de rencontre *d, e*, une ligne que vous prolongerez indéfiniment du côté où le centre devra se trouver; décrivez entre les deux points *b, c*, d'autres arcs; faites passer comme vous voyez une ligne par leur intersection. Le point où les deux lignes droites se rencontrent est le centre commun des trois points *a, b, c*; posez-y votre compas, ouvrez-le jusqu'à un des points, et décrivez la circonférence qui passera également sur les deux autres. J'aurais pu tirer une ligne droite du point *a* au point *b*; une autre du point *b* au point *c*; j'aurais pris le milieu de chacune de ces lignes; de ces milieux j'aurais fait partir deux lignes d'équerre qui, en se rencontrant, m'auraient donné le point de centre cherché. La première manière est préférable.

* Pourvu qu'ils ne soient pas sur une ligne droite.

Diviser une ligne en parties égales du premier coup
(fig. 12).

Voulant diviser la ligne droite B, du point *a* au point *c*, commencez par faire partir du point *a* la ligne D, qui sera plus ou moins en biais, et d'une longueur indéfinie. Vous voulez, je suppose, du point *a* au point *c* diviser en six parties égales ; ouvrez votre compas convenablement, et, en partant du point *a*, portez six fois son ouverture sur la ligne oblique D. Ayant marqué six points sur cette ligne, du sixième, qui sera le point *e*, tirez une ligne au point *c*. Maintenant ajustez votre fausse équerre sur la ligne *aBc* et la ligne *ce* ; des cinq autres points marqués sur la ligne oblique, amenez des lignes parallèles à la ligne *ce* ; ces lignes couperont la ligne B que nous avons voulu diviser en six parties égales.

On utilise ce moyen pour faire la division des lames de persiennes.

J'ajouterai : si, sans vous aider d'une fausse équerre, vous vouliez diviser une ligne droite sur un terrain, il faudrait, au lieu d'une ligne oblique, en tirer deux formant deux angles pareils. Vous porterez les points de divisions sur les deux lignes également ; vous joindrez ces points par des lignes droites qui couperont à des distances égales la ligne que vous aurez voulu diviser. Jetez un coup d'œil au bas de la figure 12, et vous comprendrez ceci.

Ovale borné (fig. 13).

La ligne **D** est le grand axe de l'ovale, la ligne **E** en est le petit axe ; donc, ayant tiré la ligne **D** et la ligne **E** perpendiculaires l'une à l'autre, posez les quatre points *a, b, c, d,* qui bornent à volonté l'ovale sur sa longueur et sur sa largeur. Prenez dans votre compas du point *e* au point *d* la moitié de l'ovale, portez votre compas sur le point *c,* et marquez le petit arc **F** ; ouvrez votre compas de l'arc F au point *e,* et décrivez les deux arcs de cercle que vous voyez. Faites passer une ligne sur les points *g, h ;* ayant obtenu le point *i,* posez dessus votre compas ; ouvrez-le jusqu'au point *g,* et décrivez le quart de cercle qui donne le point **K** ; posez votre compas sur le point **K**, ouvrez-le jusqu'au point *c,* et décrivez un bout de l'ovale. Sans déranger votre compas, portez-le sur le point *c,* et décrivez les deux petits arcs qui donnent les points *m, n.* Portez votre compas sur le point *a,* marquez le point *o,* et le laissant sur ce point, décrivez cet autre bout de l'ovale. Quant aux points *p, q,* vous savez comment il faut le marquer. Ouvrez votre compas du point *n,* au point *p,* décrivez les deux grand arcs qui vous donnent le point *r ;* posez le compas sur le point *r,* et décrivez un des côtés de l'ovale : usez du même moyen pour tracer l'autre côté.

Si vous m'avez compris, vous pourrez faire des ovales de toutes dimensions.

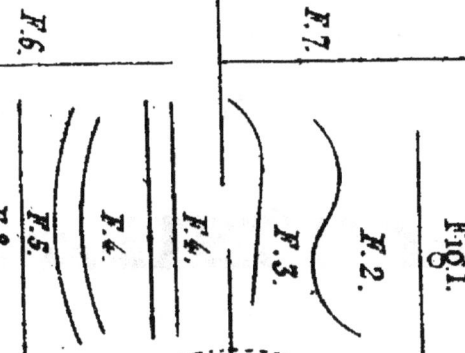
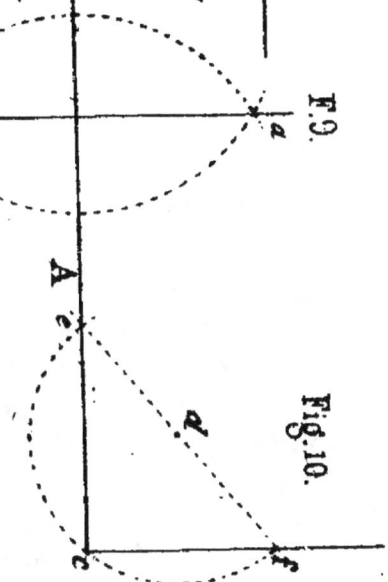
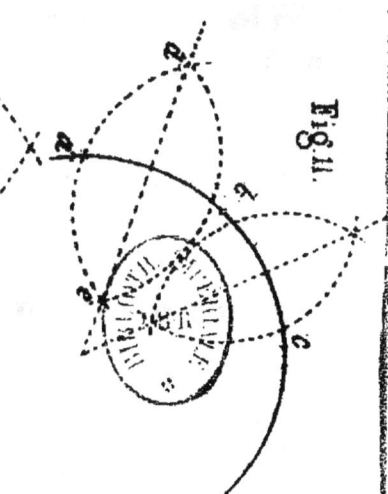
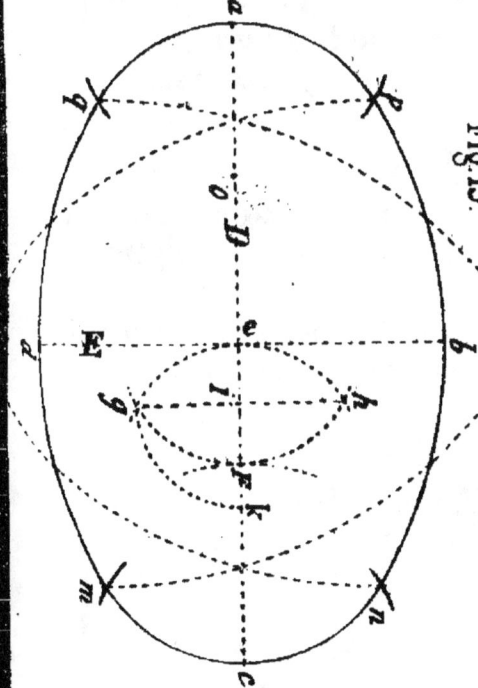
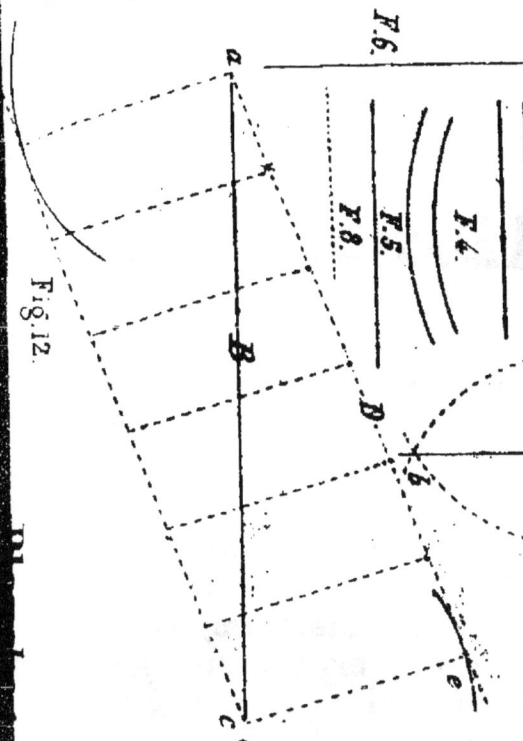

Fig.1.

F.2.

F.3.

F.4.

F.4.

F.5.

F.8.

F.6.

F.7.

F.9.

Fig.10.

Fig.11.

Fig.12.

Fig.13.

DIALOGUE

sur

L'ARCHITECTURE

entre

DEUX COMPAGNONS.

LANGUEDOC.

Du temps que mon père vivait, j'entendais tous les jours parler de géométrie, d'architecture et de trait; mais j'étais jeune alors, et de toutes ces choses je ne connais presque que des mots. On dit, Provençal, que vous êtes savant; voudriez-vous avoir la bonté de répondre à mes questions, et me faire une petite instruction sur les choses dont je connais les mots?

PROVENÇAL.

Volontiers, mais une instruction orale ne suffira pas; il vous faudrait une tablette, des crayons, des compas, et travailler. Ce n'est qu'en travaillant que l'on peut véritablement approfondir les choses dont vous me parlez.

LANGUEDOC.

Je suis impatient d'apprendre, de m'in-

9.

struire, et vous refuseriez, Provençal, de répondre aux questions que je voudrais vous adresser?

PROVENÇAL.

Je ne vous refuse rien, et je suis prêt à vous répondre.

LANGUEDOC.

Je sais que la géométrie est indispensable, qu'elle apprend à connaître les noms * des points et des lignes, qu'elle apprend à faire des traits carrés, des ovales, des anses de panier, à faire passer des circonférences par des points déterminés, à diviser des intervalles plus ou moins longs d'un seul compassement, à développer la surface ** des corps, quelles que soient leurs formes et leurs contours. Je sais qu'on apprend par elle toutes sortes de choses utiles; quoique je comprenne peu à la géométrie, je sais cependant à peu près ce qu'elle est. Mais qu'est-ce que l'architecture?

PROVENÇAL.

C'est l'art d'élever les édifices publics et particuliers, et de leur donner la solidité, la forme, les dispositions, les embellissements

* Noms ou définitions.
** Apprendre à développer la surface des prismes, des cylindres, des cônes droits et inclinés, etc., est de la plus grande utilité pour ceux qui veulent se faire très-forts dans le trait.

qui leur conviennent ; il y a l'architecture grecque et romaine, l'architecture arabe, l'architecture gothique, etc. De toutes ces architectures, c'est l'architecture greco-romaine qui a prévalu. Je vais vous entretenir, non de son ensemble, mais de son origine, de ses divisions et de ses proportions.

LANGUEDOC.

Ah ! oui, parlez-moi d'abord de l'origine de l'architecture.

PROVENÇAL.

Son origine, pour dire comme tous ceux qui en ont parlé, se perd dans la nuit des temps. Selon Vitruve *, la nécessité de se mettre à couvert pendant les mauvais temps et de se garantir de la férocité de certains animaux, força les hommes à se chercher des abris et des retraites ; ils purent d'abord se loger dans les cavités de la terre et des rochers. Mais les familles devenant plus nombreuses, ces demeures ne suffirent plus. Le besoin excitant l'industrie, on construisit d'autres habitations ;

---

* Vitruve, savant architecte romain, naquit environ soixante ans avant Jésus-Christ, à Formies, ville de Campanie. Cette ancienne ville est aujourd'hui un bourg nommé Mola et est à deux lieues de Gaëte et à seize de Naples. Les ouvrages de Vitruve sont remplis de science et de détails attachants ; ils sont traduits en toutes les langues.

on en fit avec des perches plantées en terre, entrelacées de branchages et recouvertes d'un enduit de boue ; on leur donna la forme de cônes pour faciliter l'écoulement des eaux. De semblables logements devaient être incommodes et facilement renversés et entraînés par les vents et les inondations. La société s'agrandissant, on construisit à la place de ces huttes, des cabanes plus grandes, plus solides et plus agréables. On fit choix des arbres que le hasard avait à peu près placés carrément ; on les coupa au haut du tronc, c'est-à-dire au-dessous des premières branches. Sur ces troncs coupés de niveau furent placés horizontalement des arbres équarris destinés à porter le plancher ; pour former le plancher, on posa transversalement des solives de moindre grosseur ; enfin on surmonta le tout de solives inclinées pour se garantir des pluies en facilitant leur écoulement. C'est ainsi qu'on raconte l'origine de l'architecture. On voit dans cette construction encore informe la première idée des colonnes, des architraves, des frises, des corniches, des modillons, des métopes, des triglyphes et des frontons, et par conséquent un commencement d'ordre.

LANGUEDOC.

Il y a dans ce que vous venez de raconter quelque chose qui plaît. Maintenant, dites-moi quelles sont les divisions de l'architecture.

PROVENÇAL.

L'architecture, celle du moins dont les premières notions sont indispensables aux ouvriers de presque tous les états, se divise en cinq ordres. Le premier de ces ordres est le *toscan*. On raconte que des peuples de Lydie ayant émigré de leur patrie, vinrent s'établir dans la Toscane ; là ils élevèrent des temples d'une grande solidité et d'une simplicité remarquable. De ces constructions naquit l'ordre toscan, dont le nom dérive de Toscane. Le deuxième ordre est le *dorique*, le plus ancien de tous. Dorus, architecte grec, fit élever dans Argos un temple immense, et dont la forme et les embellissements constituèrent l'ordre dorique, ordre si régulier, si bien proportionné, et qui fut appelé *dorique*, du nom de Dorus son auteur. Le troisième, l'ordre *ionique*, prit son nom d'Ion l'Athénien, qui, établi dans l'Ionie, province de l'Asie-Mineure, construisit plusieurs temples qui formèrent l'ordre élégant, l'ordre gracieux dont il est ici question. Le quatrième est l'ordre *corinthien*; voici comment Vitruve en raconte l'origine. Une jeune fille de Corinthe étant morte au moment où elle allait se marier, sa nourrice recueillit dans une corbeille plusieurs petits objets auxquels elle avait été attachée pendant sa vie; pour les mettre à l'abri des injures du temps et les conserver, cette femme couvrit la corbeille d'une tuile plane, et la posa ainsi sur le tombeau. Dans ce lieu se trouva par hasard la racine d'une plante d'achante; au printemps elle poussa des feuilles et des tiges qui entourèrent la corbeille; la rencontre des coins de la tuile força leurs extrémités de se recourber, ce qui forma le commencement des volutes. Le sculpteur Callimaque, que les Athéniens estimaient à cause de ses grands talents, passant près de ce tombeau, vit la corbeille, et remarqua la manière gracieuse avec laquelle ces feuilles naissantes l'entouraient et la couronnaient; cette forme nouvelle lui plut, il l'imita dans les colonnes qu'il fit par la suite à Corinthe, et il établit d'après ce modèle les proportions de l'ordre corinthien, le plus riche, le plus noble, le plus imposant de tous les ordres.

Le cinquième ordre, c'est le *composite*. Les Romains prirent tout ce qu'ils trouvèrent à leur convenance dans les ordres précédents, et en composèrent un ordre qui, pour cette raison, fut appelé composite. On cite encore le dorique primitif, dit ordre *pæstum*, parce qu'il a été découvert dans la ville de Pæstum, près de Naples, et dessiné sur les ruines antiques du temple de Neptune. Il y a de plus l'ordre *rustique*, le *persique*, le *cariatide*, l'*attique*, le *français*, etc.; mais ces derniers ordres ne nous sont pas d'une grande utilité. Donc, comme je l'ai déjà dit, l'architecture grecque-romaine se divise en cinq ordres, savoir : le *toscan*, le *dorique*, l'*ionique*, le *corinthien* et le *composite*. Chacun de ces ordres se divise en trois parties : le piédestal, la colonne et l'entablement. Chacune de ces parties se subdivise en trois autres parties qui sont, dans le piédestal : la base, le corps ou dé et la corniche; dans la colonne : la base, le fût et le chapiteau ; dans l'entablement : l'architrave, la frise et la corniche.

LANGUEDOC.

Vous m'avez parlé de l'origine de l'architecture, de sa division en cinq ordres, et autres divisions ; je voudrais maintenant connaître les proportions des ordres et la manière d'obtenir le module, cette mesure qui sert, dit-on, à les dessiner.

PROVENÇAL.

Je vous dirai que plusieurs savants architectes ont donné des règles pour les proportions des ordres. Je citerai Palladio *, Scamozzi **, Vignole **. Les règles données par

* André Palladio, né à Vicence, en Italie, l'année 1518, mort en 1580.

*. Vincent Scamozzi, né dans la même ville en 1552, mort à Venise en 1616.

** Jacques Barozzio, dit Vignole, né en 1507, dans le village de Vignole, en Italie, mort à Rome en 1573. On comprendra facilement que le nom de Vignole qu'on lui a donné, est le nom de son village; de lui il est

ce dernier ont été préférées. Il donne de hauteur à la colonne de l'ordre toscan sept fois sa grosseur, ou quatorze modules; à celle de l'ordre dorique, huit fois sa grosseur, ou seize modules; à celle de l'ordre ionique, neuf fois sa grosseur, ou dix-huit modules; à celle de l'ordre corinthien et à celle de l'ordre composite, dix fois leur grosseur, ou vingt modules. Maintenant je vais vous donner les moyens les plus simples pour dessiner un ordre dans ses proportions convenues. Je serai peut-être un peu long, mais je tiens à me faire comprendre. Nous sommes seuls, loin du bruit de la ville, et sur un terrain tout à fait propice. J'ai ici à ma disposition un compas d'une assez bonne longueur, et une règle qui est longue aussi; je vais vous prêter ces instruments, et vous allez dessiner là, sur ce terrain.

LANGUEDOC.

Bah! est-ce que cela se peut?

PROVENÇAL.

Oui. Prenez ceci, et attention! Voulez-vous construire un ordre, n'importe lequel, n'im-

passé à son Traité des règles des cinq ordres d'architecture. Actuellement on nomme Vignole presque tous les ouvrages qui traitent de l'architecture ou du trait.

porte sa dimension, commencez par tracer à terre une ligne droite *.

LANGUEDOC.

Voilà.

PROVENÇAL.

Cette première ligne, nous la nommerons la ligne du bas. Tracez une seconde ligne à quarante, à soixante pieds de la première, si vous voulez; mais il faut qu'elle lui soit parallèle **.

LANGUEDOC.

Je n'épargnerai guère mes pas. — Ça y est.

PROVENÇAL.

Cette seconde ligne, nous la nommerons la ligne du haut. Posez sur la ligne du bas une ligne d'équerre qui se prolonge jusqu'à la ligne du haut.

LANGUEDOC.

Un moment... C'est fait.

* Celui qui voudra bien comprendre ceci tracera les lignes à proportion qu'on les nomme; il fera les divisions aussi, et enfin tout ce que Provençal indique.

** La ligne parallèle est celle qui, à côté d'une autre ligne, la suit toujours, sans s'en écarter ou s'en approcher plus d'un bout que d'un autre.

PROVENÇAL.

Divisez cette ligne d'équerre, depuis la ligne du bas jusqu'à celle du haut, en dix-neuf parties égales.

LANGUEDOC.

Ça demande du temps *. Attendez... J'ai fini.

PROVENÇAL.

Bien. A partir de la ligne du bas, comptez : une partie, deux parties, trois parties et quatre parties. Au-dessus de cette quatrième partie posez une ligne parallèle à la ligne du bas.

LANGUEDOC.

Voilà.

PROVENÇAL.

Trois parties au-dessous de la ligne du haut posez une ligne qui lui soit parallèle.

LANGUEDOC.

Voilà.

PROVENÇAL.

Remarquez bien ceci : les quatre parties du bas sont la hauteur du piédestal, les douze du milieu celle de la colonne, les trois du haut celle de l'entablement, quelque ordre que vous

---

* L'opération n'en demandera guère à celui qui sait la manière de diviser une ligne du premier coup. Voir la planche 1, figure 12.

Toscan.

Planche. 2.

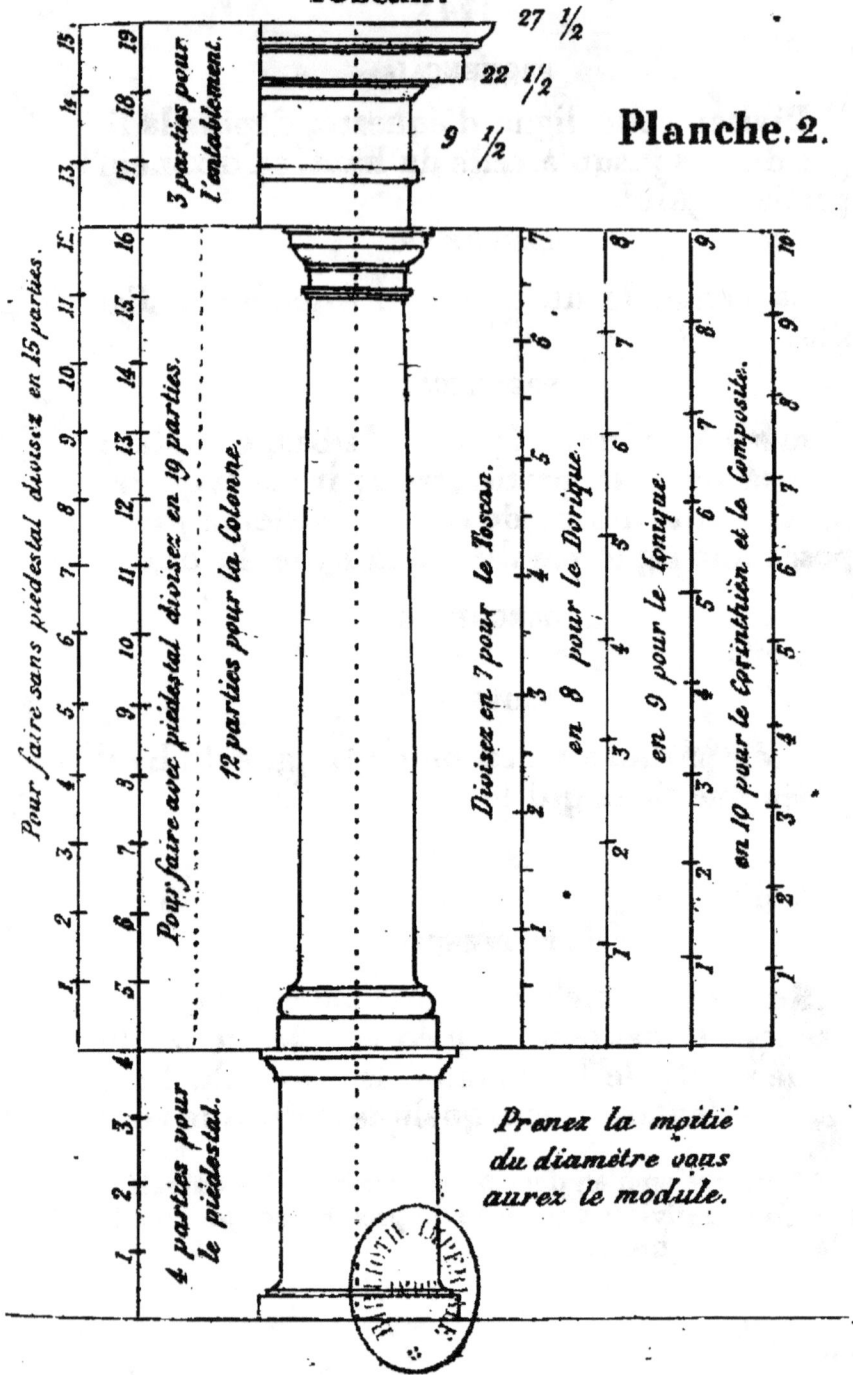

27 ½

22 ½

9 ½

3 parties pour l'entablement.

Pour faire sans piédestal divisez en 15 parties.

Pour faire avec piédestal divisez en 19 parties.

12 parties pour la Colonne.

Divisez en 7 pour le Toscan.

en 8 pour le Dorique.

en 9 pour le Ionique.

en 10 pour le Corinthien et le Composite.

4 parties pour le piédestal.

Prenez la moitié du diamètre vous aurez le module.

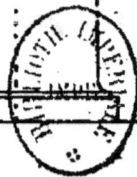

fassiez. De quelque dimension que vous le fassiez, n'oubliez jamais que sa hauteur totale se divise toujours en dix-neuf parties; que le piédestal en prend toujours quatre, la colonne douze, et l'entablement trois.

LANGUEDOC.

Et si je voulais faire un ordre sans piédestal, comment m'y prendre?

PROVENÇAL.

Vous diviseriez sa hauteur en quinze parties : la colonne en prendrait douze et l'entablement trois. Vous obtiendriez le même résultat en divisant en cinq parties : en ce cas la colonne en prendrait quatre et l'entablement une. On sait que 1 est à 5 ce que 3 est à 15.

LANGUEDOC.

C'est vrai.

PROVENÇAL.

Maintenant revenons aux lignes que vous avez tracées. Vous voyez entre l'entablement et le piédestal la hauteur que la colonne doit occuper? (*Voy.* planche 2.)

LANGUEDOC.

Oui.

PROVENÇAL.

Eh bien, pour faire l'ordre toscan, divisez cette hauteur en sept parties, vous aurez le diamètre inférieur de la colonne *. Prenez dans votre compas la moitié du diamètre, vous aurez le module. Portez plusieurs modules sur une ligne droite, et vous aurez fait votre échelle de modules. Vous voyez qu'il faut diviser cette hauteur en sept pour le toscan. Vous la diviserez en huit pour le dorique, en neuf pour l'ionique, en dix pour le corinthien et le composite. Vous obtiendrez ainsi le diamètre des colonnes de chacun de ces ordres. On prend toujours la moitié du diamètre pour avoir le module ; ce qui fait suffisamment comprendre que toutes les colonnes ont deux modules de diamètre dans le bas. Elles montent jusqu'au tiers sans diminuer ; du tiers jusqu'au haut, elles diminuent environ d'un sixième **.

LANGUEDOC.

Je me rappellerai ce que vous venez de me dire : je sais comment se divise la hauteur d'une colonne pour avoir son diamètre ; je sais prendre la moitié du diamètre pour avoir le module ; je sais enfin faire l'échelle de modules. Mais je ne sais pas encore comment le module se divise.

* La grosseur du bas de la colonne.

** Divisez le diamètre inférieur de la colonne en dix parties, et donnez cinq de ces parties à son diamètre supérieur.

PROVENÇAL.

En douze parties pour le toscan et le dorique, en dix-huit pour l'ionique, le corinthien et le composite.

LANGUEDOC.

Pourquoi, dans ces trois derniers, se divise-t-il en dix-huit parties au lieu de douze?

PROVENÇAL.

Parce que ces derniers étant plus riches, plus élégants, plus délicats, on emploie dans leurs détails des filets plus fins, plus rapprochés : on a donc besoin de plus petites parties pour la mesure de plus petites dimensions.

LANGUEDOC.

Voit-on des choses qui aient dans tous les ordres la même proportion?

PROVENÇAL.

Oui, je vous ai déjà dit que toutes les colonnes avaient deux modules dans le bas; je vous dirai que toutes les bases, que toutes les impostes et archivoltes ont un module de largeur; les chapiteaux toscans et doriques ont un module aussi.

LANGUEDOC.

Je comprends tout ce que vous m'avez dit.

10.

Donnez-moi maintenant les moyens de tracer une colonne, une volute, un fronton.

PROVENÇAL.

Mais me comprendrez-vous?

LANGUEDOC.

Jusqu'à présent j'ai tout compris ; je suppose que je ne comprendrai pas avec la même facilité ce qui vous reste à me dire; mais j'en retiendrai toujours quelque chose, car j'ai de la mémoire.

PROVENÇAL.

Je ne crois pas en ceci devoir vous faire dessiner sur le terrain. J'ai sur moi un livre sur lequel sont tracés les objets que vous voulez connaître. Je vais l'ouvrir à l'endroit de la colonne, et vous expliquer ligne par ligne la manière de la tracer. (*Voy*. planche 3.)

LANGUEDOC.

Je ne demande pas mieux.

PROVENÇAL.

Toutes les colonnes ont le même tracé géométrique. Celle que l'on voit ici est de l'ordre toscan : vous savez qu'elle doit avoir quatorze modules de hauteur, y compris sa base et son chapiteau. Ici base et chapiteau sont suppri-

B   B

a   1m   m

12

Planche. 3.

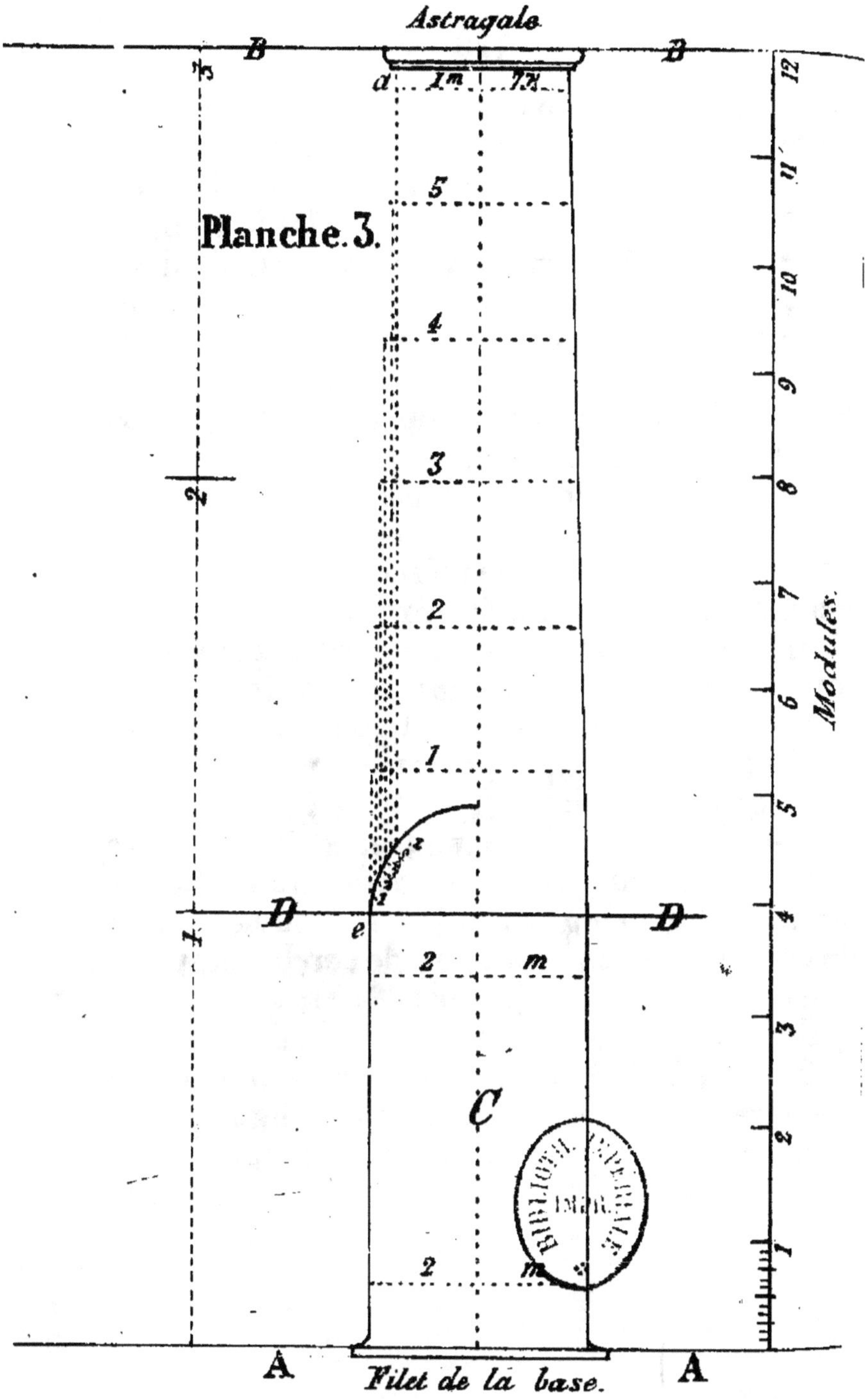

5

11

10

4

9

3

8

2

7

6

1

5

Modules.

D   e   D

4

2   m

3

C

2

2   m

1

A   Filet de la base.   A

més : nous n'avons donc pas quatorze modules, mais douze seulement. Je vais vous parler comme si je voulais vous en faire faire une semblable. Écoutez et regardez. De la ligne A à la ligne B, divisez en douze parties égales : chaque partie de cette division est un module. Divisez un de ces modules en douze, vous aurez les parties de module. De la ligne A à la ligne B divisez en trois pour avoir la ligne D, qui est le tiers de la colonne; la ligne C est l'axe * de la colonne. Portez un module de chaque côté de l'axe pour former le diamètre de la colonne, qui est le même du bas jusqu'au tiers. Le diamètre supérieur de la colonne est d'un module sept parties : portez cette mesure sous l'astragale. De la ligne D à la ligne B divisez en six pour avoir les lignes 1, 2, 3, 4 et 5. Posez une pointe du compas sur le point de rencontre de la ligne D et de la ligne C; ouvrez-le d'un demi-diamètre, et décrivez le quart de cercle que vous voyez. Retombez le diamètre supérieur de la colonne sur ce quart de cercle. Divisez la portion de cercle comprise entre le point *a* et le point *e* en six parties égales. Numérotez les points de la division en 1, 2, 3, 4 et 5. Du point 1 montez une ligne d'aplomb qui vienne toucher à la ligne 1; du point 2 montez une ligne qui aille toucher la ligne 2; autant des autres points avec les au-

---

* Le milieu de la colonne.

tres lignes. Sur le côté de la colonne, entre le point *a*, sous l'astragale, et le point *c*, sur la ligne **D**, vous avez cinq angles : tracez, au moyen d'une règle ployante, une ligne qui passe sur les deux points et sur les cinq angles ; cette ligne sera un peu courbe. Ainsi doit diminuer la colonne du tiers jusqu'en haut. M'avez-vous compris ?

LANGUEDOC.

Oui, mais j'aurai besoin d'y réfléchir. Je ne sais pas encore la chose par cœur ; il faudrait que je la dessine.

PROVENÇAL.

Je le savais. Aussi je crois vous avoir dit sur l'architecture tout ce que je pouvais vous dire avec quelque utilité. Maintenant je vous conseille de dessiner. Ce n'est qu'en dessinant que vous pourrez bien comprendre le tracé géométrique des colonnes, des volutes et des frontons. En dessinant, vous apprendrez quels sont les ordres qui demandent des ornements, quels sont ceux qui n'en comportent pas, dans quel espacement on doit mettre les colonnes, ce que c'est que les arcades et les portiques, comment on superpose des ordres les uns sur les autres ; comment, dans quelques cas, il est permis de s'écarter quelque peu des règles, moyennant toutefois qu'on ne s'écarte pas du bon goût.

LANGUEDOC.

Si l'on voulait dessiner un ouvrage de menuiserie sur une feuille, comment établirait-on l'échelle?

PROVENÇAL.

J'ai là, je suppose, une feuille de papier de quinze pouces sur vingt-six. Je veux dessiner dessus une devanture de boutique de douze pieds de hauteur sur dix-huit pieds de largeur : proportion observée, la plus longue dimension de mon papier recevra amplement la plus longue dimension de la devanture. Je pose sur les deux longs bords de mon papier deux lignes entre lesquelles sera placée la hauteur de la devanture. Je divise d'une ligne à l'autre en autant de parties que la hauteur de la devanture doit avoir de pieds : je veux dire en douze. Chacune de ces parties est un pied, et j'établis l'échelle de pieds comme si j'établissais une échelle de modules. Je prendrai sur cette échelle les proportions pour tous les détails de la devanture. Pour dessiner tout autre objet sur le papier, j'emploierai le même moyen.

LANGUEDOC.

Et si cette devanture avait des pilastres, l'échelle de pieds pourrait-elle servir à les proportionner?

PROVENÇAL.

Non. Je diviserais leur hauteur comme si c'étaient des colonnes, et ayant obtenu le module, je formerais une seconde échelle dont je me servirais pour régler la largeur des pilastres, et pour proportionner les chapiteaux et les bases.

LANGUEDOC.

Les pilastres ont donc les mêmes proportions que les colonnes?

PROVENÇAL.

Oui ; ils en diffèrent seulement en ce qu'ils sont aussi larges dans le haut que dans le bas.

LANGUEDOC.

Je comprends; je comprendrai encore mieux dans quelque temps d'ici. Dites-moi si je dois dessiner l'architecture d'un bout à l'autre.

PROVENÇAL.

Si vous avez beaucoup de temps à vous, oui; si vous n'en avez guère, non. Dans ce dernier cas, dessinez deux ordres, commencez le troisième, et passez au trait.

LANGUEDOC.

L'architecture est utile, mais le trait est indispensable à un menuisier. Pensez-vous que je puisse me servir d'un Vignole?

PROVENÇAL.

Je le pense.

LANGUEDOC.

Je verrai à en acheter un.

PROVENÇAL.

Lequel achèterez-vous?

LANGUEDOC.

Lequel? je n'en sais rien. Est-ce qu'il y a plusieurs Vignoles?

PROVENÇAL.

Il y en a même une bien grande quantité.

LANGUEDOC.

Faites-moi-les connaître.

PROVENÇAL.

Il n'est pas utile de les citer tous ; mais voici ceux qui sont le plus connus et le plus en faveur :

1° Le *Vignole de La Gardette*, ou Traité des cinq ordres d'architecture, suivi du tracé géométrique des ombres dans l'architecture ; 1 v.

2° Le *Vignole des ouvriers* par Charles Normand, ouvrage en quatre parties. La première renferme les cinq ordres d'architecture et des détails sur les proportions à donner aux portes, aux croisées et aux arcades de différents genres. La deuxième contient un précis du relevé des terrains et de celui des plans des maisons, suivi de détails relatifs à la construction des bâtiments. La troisième contient les plans, les élévations et les coupes d'un certain nombre de projets de maisons d'habitation particulière et de maisons à loyer, dont plusieurs avec leurs différents étages. La quatrième est spécialement consacrée aux escaliers en charpente et en menuiserie.

5° Le *Vignole de Paulin Desormeaux*, ou l'Art du menuisier en bâtiment et en meuble, suivi de l'Art de l'ébéniste; 2 vol.

4° L'*Art du menuisier*, par Roubo *, compagnon menuisier; 2 vol.

5° La *Menuiserie descriptive*, ou *Nouauve*

* Roubo (Jacques André), savant menuisier, né à Paris en 1739, reçut par les soins de son père, qui exerçait la même profession, une éducation soignée; il apprit les mathématiques, la mécanique et le dessin, et en fit une heureuse application à la menuiserie. Son Traité de l'art du menuisier est le premier ouvrage de valeur que nous ayons eu en ce genre. Roubo mourut en 1791. La Convention nationale paya un tribut de reconnaissance à la mémoire du savant et modeste menuisier, en accordant à sa veuve un secours de trois mille francs. Outre l'Art du menuisier, Roubo a publié un Traité de la construction des théâtres et des machines, l'Art du carrossier et l'Art du layetier.

Vignole des menuisiers, **par Coulon *, ou-**
vrage extrait en partie de celui de Roubo.

LANGUEDOC.

Quel est, parmi tant de Vignoles, celui qui
me conviendrait le mieux ?

PROVENÇAL.

Si vous n'aviez à dessiner que les ordres
d'architecture, je vous dirais de prendre La
Gardette, quoique dans son ouvrage les portiques y soient omis pour des raisons qu'on ne
peut approuver. Si vous deviez vous charger
de toute la construction du bâtiment, Charles
Normand vous serait utile, et je vous dirais de
le prendre, malgré que ses escaliers n'aient
pas tous les développements dont ils auraient
besoin. Paulin Desormeaux est dans un trop
petit format ; de plus il traite trop de choses
pour pouvoir les traiter à fond et avec clarté.
Roubo a fait un excellent ouvrage, qui a cependant un grand défaut : il est trop cher.
L'ouvrage de Coulon est celui, je crois, qui
vous convient le mieux.

LANGUEDOC.

Coulon a donc fait un ouvrage parfait?

* Coulon, ancien menuisier et professeur de dessin,
homme rempli de talents et de douceur.

PROVENÇAL.

Je ne dis pas cela ; mais il a fait un ouvrage très-utile, ouvrage dans lequel on trouve de la géométrie élémentaire et de la géométrie descriptive, les cinq ordres d'architecture avec des assemblages pour les exécuter en menuiserie, les coupes des outils dont nous nous servons, les assemblages et embrévements divers ; des plans, des élévations de croisées, de persiennes, de portes intérieures et extérieures ; de devantures de boutiques, de lambris d'appui et de hauteur, de parquets, etc., etc., et tout cela avec de très-bons détails ; puis viennent les réductions des profils, les coupes et raccords des corniches et des cadres ; de là on arrive au trait. Ce sont d'abord des arêtiers, puis des escaliers de tout genre, ensuite les ouvrages cintrés en plan et en élévation, tels que chambranle, croisée, persienne, etc., etc. Suivent les voussures et les calottes, et l'ouvrage se termine par un autel, un confessional et une chaire à prêcher.

LANGUEDOC.

Vous venez de citer bien des choses ; le livre qui les contient me plaît déjà ; cependant vous m'avez laissé voir que vous ne l'approuviez pas en tout.

PROVENÇAL.

C'est possible.

LANGUEDOC.

Qu'avez-vous à en dire?

PROVENÇAL.

M. Coulon a mis dans son livre trop d'une chose, pas assez d'une autre, et ces choses ne sont pas toujours arrangées méthodiquement; de plus, dans l'architecture il porte toutes les saillies moulure par moulure, filet par filet; tous ces petits détails sont donc péniblement portés les uns devant les autres. Il aurait dû faire comme ont fait MM. La Gardette et Charles Normand : je veux dire qu'il aurait dû porter toutes les saillies à partir de l'axe de la colonne et coter en conséquence. Cette manière est plus facile, plus précise et plus expéditive tout à la fois; elle vaut donc mieux.

Dans les ouvrages cintrés en plan et en élévation, il y a de très-bons développements; mais, de la manière dont le calibre rallongé est dessiné, on pourrait croire qu'il faut, quand on exécute sur bois, débillarder les pièces en élévation avant de débillarder en plan, ce qui ne peut pas être. J'ai entendu des hommes dire que cette manière de dessiner les chambranles était absolument fausse : je ne suis pas si rigoureux; mais je conviens qu'elle peut faire tromper. M. Coulon aurait dû dessiner les calibres rallongés de ses parties cintrées en plan et en élévation, comme ceux de ses escaliers.

Il y aurait aussi quelque chose à dire sur ses arétiers : pour dessiner son pied d'autel, par exemple, il fait un encombrement de lignes à ne plus s'y reconnaître. Je ne dis pas que son principe soit faux ; je reconnais au contraire qu'il est précis, que l'on peut dans quelque cas en tirer un très-bon parti, mais les élèves le saisiront, le comprendront difficilement ; je préférerais qu'il eût fait un développement de pied par section *. Cette ancienne manière demande moins de lignes, moins d'espace et moins de temps ; elle est plus claire, et les élèves la conçoivent mieux, ce qui est en sa faveur une raison d'un grand poids.

Je pourrais entrer dans d'autres détails, mais ce serait, je crois, inutile.

LANGUEDOC.

Ce Vignole est donc mauvais ?

PROVENÇAL.

Je vous l'ai déjà dit : c'est un bon ouvrage ; les défauts que j'ai signalés, si ce sont des dé-

* Dans beaucoup de pays on nomme les sections du pied : *les pigeons*. Cela vient sans doute de ce que les panneaux qui y sont quelquefois figurés représentent comme des nids. Les noms de la plupart des choses sont tirés des ressemblances.

fauts (car mon opinion est discutable aussi),
ne sont pas capitaux. Ce livre est basé sur des
principes, il est rempli de choses utiles; c'est
enfin le meilleur livre de menuiserie que je
connaisse. Il dépend de M. Coulon de le rendre encore meilleur; il en a le talent, s'il en
a vraiment la volonté.

LANGUEDOC.

Dites-moi quels sont les prix des Vignoles
que vous m'avez nommés tout à l'heure.

PROVENÇAL.

Celui de La Gardette se vend	10 fr.
Celui de Charles Normand	40
Celui de Paulin Desormeaux	18
Celui de Roubo	100
Celui de Coulon	18

Ce dernier est très-bon marché, vu son
étendue, et la quantité de matières qu'il contient.

LANGUEDOC.

Où se vendent-ils?

PROVENÇAL.

Chez Carillian-Gœury et Victor Dalmont,
libraires * des corps royaux des ponts et

---

* On trouve à la même librairie le Dictionnaire
historique d'architecture de Quatremère de Quincy,
5o fr.; — l'Art de bâtir, par Rondelet, 1 25 fr.; — Recueil

chaussées et des mines , quai des Augustins ,
n°s 39 et 44.

LANGUEDOC.

Celui qui n'est pas à Paris ne peut aller en
acheter un.

PROVENÇAL.

En connaissant l'adresse des libraires on
peut leur écrire.

LANGUEDOC.

Recevront-ils ma lettre?

PROVENÇAL.

Oui, si vous l'affranchissez. Je vous avertis
que les frais de transport du livre resteront
à votre charge.

LANGUEDOC.

A combien s'élèvent ces frais?

PROVENÇAL.

A quatre ou cinq francs pour Marseille et

de menuiserie, 48 fr. ; — Recueil de meubles, 48 fr ;—
Recueil de serrurerie, 48 fr. ; — le Manuel de l'Ebéniste
par Caron ainé, 36 fr. ; — le Morisot, prix de la menuiserie, 8 fr 50 c.; — Traité de la coupe des pierres, par
Adhémard, 20 fr.;—par Simonin et La Gardette, 12 fr.;
— par Douliot, 36 fr.; — par Frezier, 30 fr.;—Traité de
la charpente, par Douliot, 22 fr.; — par Fourneau, 42 fr.
On trouvera enfin à cette librairie tous les ouvrages
d'art et de science que l'on pourrait désirer.

d'autres villes aussi éloignées ; à trois ou quatre francs pour Lyon, Bordeaux, Nantes ; et à moins que cela pour des villes très-rapprochées de la capitale.

LANGUEDOC.

C'est décidé, j'achèterai l'ouvrage de Coulon.

PROVENÇAL.

Vous ferez bien.

LANGUEDOC.

Pensez-vous que je puisse dessiner dessus ?

PROVENÇAL.

Oui, et je vous avoue qu'il vaut mieux dessiner sur un bon livre que chez un mauvais maître ; mais je vous avoue aussi qu'il vaut mieux dessiner chez un bon maître que sur un bon livre. Un livre n'a qu'un raisonnement à vous donner, et, si vous ne l'avez pas compris, vous ne pouvez rien lui demander de plus. Avec un livre, quelque bon qu'il soit, on se donne beaucoup de peine et l'on avance très-lentement ; un maître offre plus d'avantages : il vous parle de la voix, des yeux et des mains. Si vous n'avez pu le comprendre, il change de manière de s'exprimer, il fait des signes différents, et finit par se faire comprendre, et vous avancez continuellement et sûrement. Je le répète, un bon maître est de beaucoup préférable à un bon livre.

LANGUEDOC.

Je n'achèterai donc pas de livres.

PROVENÇAL.

Achetez toujours; un bon livre ne nuit jamais, tant s'en faut; vous y trouverez inévitablement quelque chose d'utile. De plus, il pourra dans la suite vous remettre en mémoire ce que le temps vous aura fait oublier.

LANGUEDOC.

C'est vrai. Eh bien! je ferai cette emplette le plus tôt possible; mais à coup sûr je commencerai à dessiner de lundi en quinze.

PROVENÇAL.

Pourquoi remettre si loin, et précisément à un lundi? quand on veut dessiner, il ne faut point remettre; pour commencer, tous les jours sont bons. Ne faites pas comme beaucoup font; ils disent : —Je commencerai lundi prochain; —ce lundi arrive, une occasion les dérange; le lendemain ils ne sont pas en train, ils remettent à la semaine suivante qui offre encore quelques obstacles. Après avoir remis de semaine en semaine, voyant les veillées se faire moins longues, ils se disent : —A l'année prochaine! L'année suivante, par le même

raisonnement, ils entretiennent la même négligence ; à la fin de tout cela ils retournent
dans leur pays sans avoir acquis la moindre
connaissance en dessin. C'est alors le temps des
lamentations ! Ecoutez une comparaison : Si
vous voulez l'hiver vous lever matin, il ne
faut point sortir votre tête du lit, puis vos
deux bras, puis une partie de votre corps, puis
enfin, ayant senti le froid, vous fourrer encore
sous vos couvertures et vos draps chauds. Plus
vous serez tard au lit, plus vous aurez de la
peine à en sortir ; plus vous céderez à la paresse, plus la paresse vous serrera fortement.
Quand on veut l'hiver se lever matin, il ne faut
point tâtonner : il faut sauter du lit vigoureu-
sement et d'un seul bond. Quand on veut dessiner, il ne faut point tâtonner non plus : pour
commencer, toutes les saisons, tous les jours
sont bons ; le tout est de ne point remettre.
Commencez ce soir.

LANGUEDOC.

Pays Provençal, je commencerai ce soir.

PROVENÇAL.

Et ayant commencé, ne perdez point de
temps ; si vous perdez huit jours de suite, vous
avez après une peine de diable pour retourner
à la classe. Moins vous travaillerez, moins
vous voudrez faire ; plus vous serez assidu,

plus vous aurez du courage et du goût à ce que vous ferez. Ne perdez point de temps.

LANGUEDOC.

Pays Provençal, je n'en perdrai point, et vous pouvez croire que l'entretien que vous m'avez accordé portera ses fruits. Dans quelque temps je reviendrai vous voir; j'aurai besoin de vous entendre encore.

PROVENÇAL.

Je vous verrai toujours avec plaisir, et puisque vous promettez de ne pas m'oublier, je penserai à vous aussi. J'écrirai un raisonnement sur le dessin, et principalement sur le trait. Cet écrit vous sera remis quand vous viendrez.

LANGUEDOC.

Vous avez bien des bontés pour moi, pays Provençal, et pour tout cela je ne peux que vous remercier. Allons, au revoir, pays Provençal.

PROVENÇAL.

Au revoir, pays Languedoc.

RAISONNEMENT
SUR LE TRAIT.

J'ai donné précédemment quelques détails sur l'architecture; je vais ici, dans l'intention d'être utile, faire quelques observations sur le dessin, principalement sur le trait.

Les Sociétés de Compagnonage doivent avoir pour but l'instruction. Chaque membre de ces grandes réunions doit communiquer à tous les connaissances qu'il possède. Celui qui n'a dessiné que des profils de moulures, et qui les fait dessiner, fait bien. Celui qui n'a dessiné que les ordres d'architecture, et qui les fait dessiner, fait également bien. Celui qui ne connaît que les escaliers, et qui les fait dessiner et comprendre à tous ceux qui l'entourent, fait encore bien, très-bien. Sachez peu, sachez beaucoup, mais démontrez tout ce que vous savez à tous vos camarades désireux d'apprendre, et vous ne mériterez que des éloges. Si je donne mon approbation entière à ceux qui font dessiner tout ce qu'ils savent, je suis loin de la donner à ceux qui font dessiner ce qu'ils n'ont jamais compris. Je blâme sévèrement ceux qui font copier le trait, car copier le trait ce n'est rien faire, c'est moins que cela, c'est se nuire, c'est s'habituer à dessiner machinalement sans penser et sans se rendre compte de ce que l'on fait; c'est s'enfoncer dans un sentier obscur, dangereux, qui égare la plupart de ceux qui le suivent jusqu'à ne pouvoir plus

se retrouver dans le bon chemin. Ils ont dessiné des escaliers, des autels, des calottes, etc.,
ils comptent enfin leurs feuilles, et plus le
nombre en est grand, plus ils s'applaudissent
de leur talent. Ils viennent à changer de ville;
un maître meilleur que celui qu'ils ont eu
pourrait les redresser : ils ne le veulent pas;
pourquoi? Ils se sont vantés, ils passent pour
savants, et, pour ne pas perdre de leur réputation, ils conservent leur ignorance. De ceux-là,
les uns ne font plus rien ; d'autres, en très-
petit nombre, s'enferment isolément le soir
dans leurs chambres. Là, ils veillent, ils travaillent, ils se tourmentent et n'arrivent à aucun bon résultat, parce qu'ils ne sont pas fondés
sur les principes.

Une partie de ces hommes égarés, de ces
élèves ayant fait fausse route, sentant leur position et leur faiblesse, l'avouent franchement.
Ils vont, dès que la possibilité se présente, chez
de bons maîtres, ils travaillent avec une nouvelle ardeur, ils refont ce qu'ils avaient fait
en aveugles; leur pensée s'ouvre, prend des
yeux, et ils voient clair enfin dans les courbes
à double courbure * comme dans les parties droites.

Mes amis, écoutez-moi : n'ayons point un
faux amour-propre. Si nous avons pris une
mauvaise route, ne nous obstinons pas à la
continuer, retournons sur nos pas, prenons
au plus tôt la bonne, la véritable route, celle

* Toute courbe cintrée sur deux sens.

qui mène sûrement et directement au but.
Rien n'est plus cher que le temps, perdons-
en le moins que nous pourrons ; nous ne sommes plus des enfants, nous sommes des ouvriers et des hommes à qui de certains ouvrages
opposent trop souvent de sérieuses difficultés.
Ce ne sont donc pas des images, ce ne sont
donc pas des dessins d'agréments qu'il nous
faut, ce sont des dessins d'utilité, ce sont des
principes, c'est tout ce qui peut nous aider dans
la conception et dans l'exécution régulière de
tout ouvrage qui peut nous être commandé.

Voulons-nous devenir bons menuisiers,
dessinons d'abord quelques feuilles de profils
de moulures, quelques feuilles de géométrie,
dessinons quelques ordres ou tous les ordres
d'architecture, si nous en avons le temps, puis
arrivons au trait.

Le trait est un travail tout de réflexion et
d'application ; mais il n'est cependant pas si
difficile à comprendre que beaucoup veulent
le faire croire. Quand on veut bien l'apprendre,
on l'apprend. Il faut pour cela avoir de la patience et ne pas se décourager. Commençons
par l'escalier : cette partie, je la place en tête
et il faut la bien étudier, car elle renferme
plusieurs opérations que l'on emploie également dans d'autres parties du trait.

On fait des plans par terre * d'escaliers

___

* Plan par terre, ou plan, tout simplement.

d'un seul coup de compas, c'est-à-dire plein
cintre ; alors les lignes du devant des marches tendent toutes au même point de centre,
ce qui rend le giron des marches partout égal,
et le limon toujours régulier dans son développement. Cet escalier est très-facile.

On fait aussi des plans composés de limons
droits et de limons courbes ; dans ces plans
mixtes, il faut diviser les marches sur la ligne
du giron * et faire un balancement ** de
marches pour qu'elles augmentent ou diminuent de largeur d'une manière convenable ;
il faut, quoique les marches soient balancées,
et par conséquent plus ou moins en biais dans
le plan, que leurs prolongements à travers l'é-
paisseur du limon soient tendus au point de
centre qui aura servi à le décrire. Les prolongements en question seront d'équerre dans les
limons droits.

La nature et l'étendue de ce livre ne me
permettent ni de donner un grand nombre de
dessins, ni de m'étendre dans les démonstrations d'une opération de trait. Je veux cependant, dans l'escalier, entrer dans la descrip-
tion de quelques opérations utiles, et que trop
d'hommes ont négligées. Nous allons nous

_____
* La ligne du giron passe au milieu de l'escalier,
et est toujours parallèle aux deux limons.

** Balancement de marches, ou dansement de marches : c'est tout comme. Je conseille d'apprendre les
choses et de ne jamais se passionner et se disputer pour
des mots ; on y perdrait son temps.

occuper du balancement des marches. (*Voyez*
la planche 4.) Vos limons ou votre limon
étant tracé, ayant la ligne du giron qui
passe au milieu de l'escalier, faites la division
de vos marches sur cette ligne. Nous voulons,
je suppose, faire le balancement depuis le
devant de la marche 1 jusqu'au derrière de la
marche 6, ce qui fait six marches à balancer ;
tirez le devant de la marche 1 d'équerre au
limon droit, tirez le devant et le derrière de
la marche 6 au point de centre du limon
courbe; maintenant occupons-nous de l'échelle
de balancement, tirez la ligne droite B,
ouvrez votre compas arbitrairement * ; portez sur la ligne autant de points que vous
avez de marches à balancer, montez de chacun de ces points une ligne d'équerre à la
ligne B, numérotez ces six lignes par les six
chiffres que vous voyez, posez la ligne **
ponctuée que l'on voit et qui doit toujours
être au milieu de l'échelle ; divisez sur le contour intérieur *** du limon, du derrière de la
marche 6 au-devant de la marche 1, en six
parties égales ; portez une de ces parties sur la

* Plus ou moins.

** Si nous balancions un nombre impair de marches,
nous n'aurions pas besoin de supposer une ligne ponctuée
au milieu de l'échelle, nous aurions alors naturellement une ligne de milieu qui nous servirait.

*** Intérieur ou dedans.

ligne ponctuée de l'échelle, prenez sur la ligne intérieure du limon la largeur de la marche 6 , portez cette largeur sur la ligne 6 de l'échelle. Ayant sur cette échelle un point sur la ligne 6, un autre point sur la ligne ponctuée, tirez une ligne droite qui passe sur ces deux points et se prolonge jusqu'à la rencontre de la ligne 1. Votre échelle de balancement est faite, chaque ligne qui la traverse doit donner une largeur de marche sur le pourtour du limon ; la marche 6 étant posée dans le plan, prenez sur l'échelle la largeur de la ligne 5, portez-la sur le pourtour du limon, en avant de la marche 6 ; vous aurez la largeur de la marche 5. Prenez une à une les lignes 4, 3, 2 et 1 de l'échelle, pour les porter sur le limon, devant la marche 5, et les unes au bout des autres ; ayant ainsi, sur le limon, déterminé vos largeurs de marches par des points, tirez des lignes qui partent de ces points et passent sur les points qui sont sur la ligne du giron et qui y correspondent; ces lignes, donnant le devant des marches, seraient prolongées jusqu'au grand limon, si notre papier eût permis de le figurer ; donnez un coup d'œil sur les prolongements des marches au travers des limons, cela suffira, je pense.

Si je faisais un ouvrage méthodique de trait, je m'occuperais actuellement de la coupe à crochet, et des lignes de base ou de constructions ; mais ce que je décris ici est un hors-d'œuvre à ce livre, et s'adresse à des hommes qui ont déjà quelques connaissances sur le dessin; il n'y a donc pas d'inconvénient à passer tout de suite au développement particulier *.

Ce développement est de la plus grande utilité; si vous voyez un escalier à briquet ou en fer à cheval avec des limons tout étroits, tout étranglés dans les quartiers tournants, vous pouvez penser qu'ils ont été faits sans son secours. Si vous ne voulez pas être exposé à faire de tels escaliers, apprenez à faire usage du développement particulier.

(*Voyez* planche 4.) Commencez à tirer la ligne droite A, prenez dans le plan, sur la ligne A du limon, la largeur de la marche 6; portez cette largeur sur la ligne droite A; prenez encore sur la ligne A du limon la largeur de la marche 5, puis celle des autres marches; portez toutes ces largeurs les unes à côté des autres sur la ligne droite A; élevez les sept lignes qui y sont perpendiculaires **. Placez entre ces lignes des hauteurs de marches, comme s'il s'agissait d'un développement ordinaire; décrivez en dessus, puis en dessous des quarts de ronds, les arcs de cercle

---

* J'appellerai développement ordinaire le développement sur lequel on trace le bois. J'appellerai développement particulier cette autre opération qui développe vraiment le limon et le fait voir dans toute sa longueur pour qu'il puisse être régularisé.

** Perpendiculaire, ou d'équerre, c'est la même chose...

12.

que vous voyez ; tirez deux lignes qui touchent ces arcs de cercle sans pénétrer dedans : ces deux lignes vous donnent le rampant et la largeur régulière du limon. Le développement particulier est terminé, occupons-nous du développement ordinaire. Commencez à poser la ligne de base ; projetez, des points formés par la rencontre des lignes des marches avec la ligne intérieure du limon, les lignes 1, 2, 3, 4, 5, 6 et 7 ; il faut dans tous les cas que ces lignes soient perpendiculaires à la ligne de base ; établissez vos hauteurs de marches. Il s'agit maintenant de fixer la ligne du dessus, et celle de dessous du limon. Prenez, dans le développement particulier, sur la ligne d'aplomb, devant la marche 1, la distance du point *a* au point *b*. Portez cette distance sur la même ligne du développement ordinaire, pour fixer le point *b*. Prenez derechef sur la marche 1 du développement particulier la distance du point *a* au point *c* ; portez encore cette distance au développement ordinaire sous le quart de rond de la marche 1 pour fixer le point *c* ; enfin prenez dans le développement particulier la largeur variable du limon sur les lignes 2, 3, 4, 5, 6 et 7 ; portez ces largeurs sur les lignes qui correspondent à celles-ci dans le développement ordinaire. Ayant fixé les points qui doivent vous guider, tirez la ligne de dessus et celle de dessous, et vous aurez la largeur de votre limon.

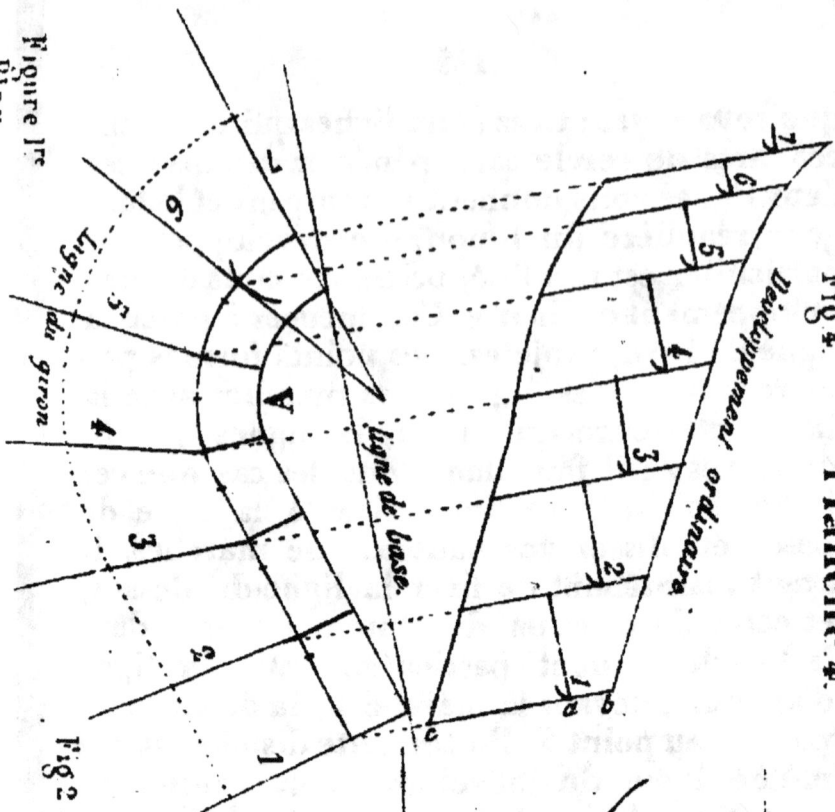
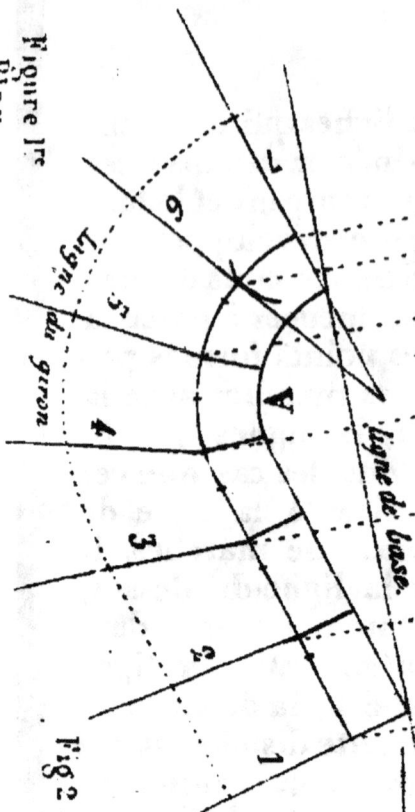
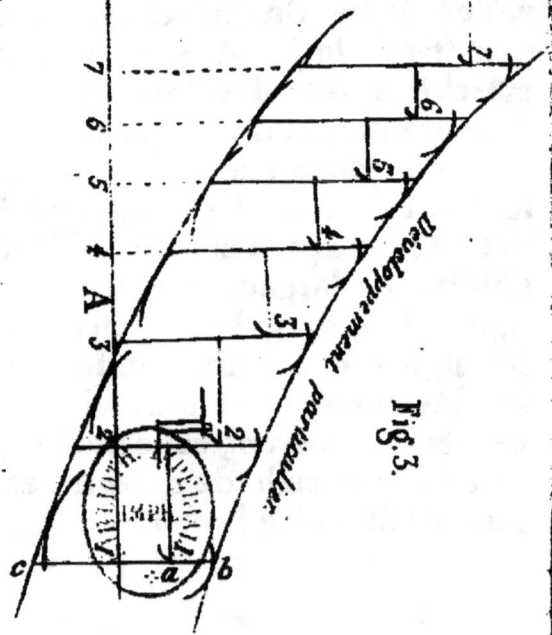

PLANCHE 4.

Fig 4.

Développement ordinaire.

Ligne de base.

Ligne du giron.

Figure 1re
Plan

Fig 2

Échelle de batenement de marches.

Fig. 3.

Développement particulier.

Quant aux lignes ponctuées qui doivent donner le gauche de ce limon, je n'en parle pas; c'est une chose très-simple, que tous ceux qui ont quelques notions de l'escalier doivent savoir faire.

En dépit de la règle générale, j'ai pris le développement particulier non en dedans, mais en dehors du limon; j'ai cru qu'il valait mieux régulariser ce qui est visible que ce qui ne l'est pas. Je propose à ceux qui trouveraient cela mauvais de l'examiner de près; ils pourront changer de sentiment.

Retournons à la coupe à crochet d'équerre que nous étions sensé avoir laissée.

(*Voyez* planche 5.) Le plan par terre des limons et des marches étant tracé, il faut développer la portion du limon où on veut que la coupe soit placée. Par exemple, prenez, sur la ligne intérieure du limon, la largeur de la marche 2 dans votre compas; portez cette largeur de marche où vous voudrez. (*Voyez* la figure 2.) Tracez les deux lignes d'aplomb 2 et 3; établissez deux dessus de marches. Ayant figuré deux quarts de rond, décrivez au-dessus deux arcs de cercle, décrivez-en deux autres au-dessous, tirez les deux lignes rampantes qui les touchent et établissent la largeur du limon, posez d'équerre aux lignes rampantes deux lignes plus ou moins rapprochées pour former le crochet, retombez des bouts de ces deux lignes quatre lignes d'aplomb venant poser sur une ligne horizontale placée un peu plus bas, distinguez ces lignes par les lettres *a*, *b*, *c*, *d*, prenez ces quatre lignes sur la ligne horizontale, et portez-les, sans déranger leurs écartements, sur la ligne intérieure du limon, dans la marche où l'on doit faire le joint; tirez, du point *a* et du point *d*, deux lignes tendantes au point de centre, qui traversent le limon du dedans au dehors; posez la ligne *c* parallèle à la ligne *a*, posez la ligne *b* parallèle à la ligne *d*. Je vous fais poser ainsi ces deux dernières lignes pour qu'il n'y ait pas du gauche dans la coupe, et que le joint soit plus facile à faire. Les lignes de la coupe étant posées dans le plan, et les limons se recouvrant l'un l'autre, tirez les lignes de base, et développez.

J'ai tracé la coupe à crochet d'équerre comme la tracent les maîtres les plus en faveur; cependant je crois devoir observer qu'en agissant de cette sorte la coupe est d'équerre en dedans du limon, où elle ne se voit pas, et n'est pas d'équerre en dehors, seul côté où elle se voit. Sur la figure 2, qui est le dedans du limon, la coupe est d'équerre; sur la figure 3, qui est un développement pris en dehors du même limon, elle est trop couchée. S'il s'agissait d'un limon intérieur *, un effet tout contraire aurait lieu, car la coupe serait

* Limon du coté du jour de l'escalier.

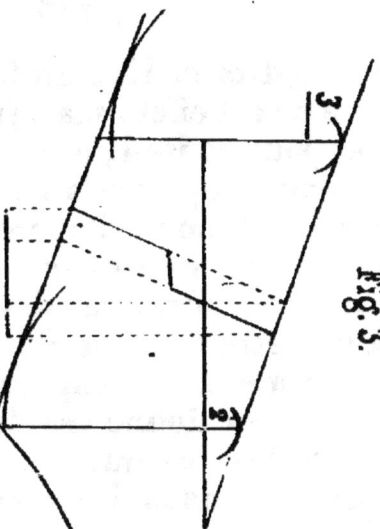

Fig. 3.

Planche 5.

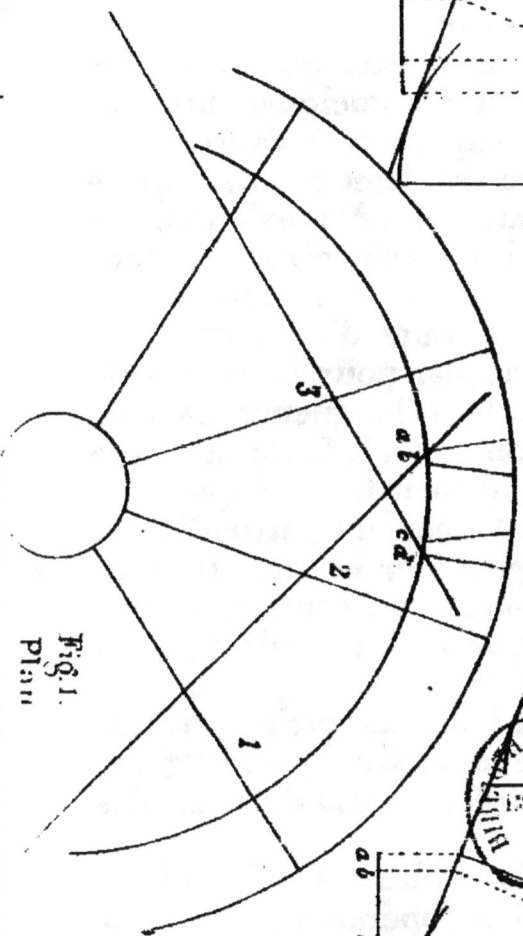

Fig. 1.
Plan

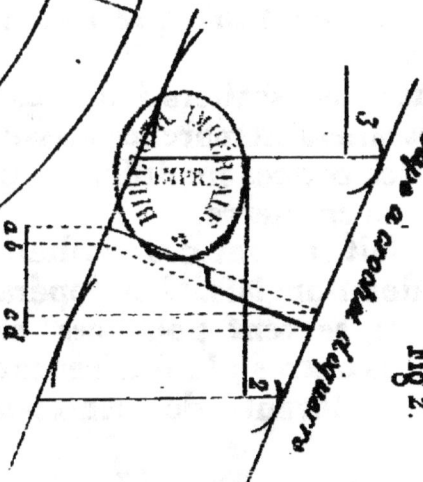

Coupe à croche d'equerre

Fig 2.

alors trop droite. Il serait facile de démontrer la cause de cet effet, mais je dois me borner à donner pour conseil, à ceux qui tiendraient à avoir une coupe parfaitement d'équerre en dehors du limon, d'opérer sur ce côté du limon, et non sur l'autre.

Je ne m'étendrai pas davantage ici, et j'ai l'espoir d'être compris de quelques-uns, qui pourront me faire comprendre à d'autres.

Après avoir donné ces démonstrations, que j'ai cru utiles, je dirai : Faire le balancement des marches dans les plans mixtes et dans les plans à S, développer une portion de limon pour y placer la coupe d'équerre, et retomber cette coupe en plan pour avoir le croisement des limons et leurs longueurs exactes; transporter un limon quand, faute d'espace libre et propice, on ne peut le développer sur place; faire le développement particulier et s'en servir pour régulariser la largeur d'un limon, quels que soient son contour et son rampant, c'est presque tout le trait de l'escalier.

Outre ces escaliers à limons pleins, on fait des escaliers en marches massives, dits anglais, dont les coupes ne diffèrent pas de celles des escaliers en pierre.

On fait surtout des escaliers à crémaillères ou demi-anglais. Les opérations que j'ai décrites servent pour ces escaliers comme pour les autres; la différence est que dorénavant les devants des contre-marches seront nos principales lignes du plan ; c'est de leurs points de contact avec les limons que partiront les projections ou lignes sur lesquelles on établira les hauteurs des marches, pour former le développement du limon, sur lequel on tracera le bois.

Il sera bon de dessiner quelques élévations géométrales d'escaliers ; on pourra terminer cette partie du trait par l'escalier à entonnoir à limons évasés *, et par l'escalier à plafond à courbes et à panneaux. Ce dernier est très-utile ; le plafond dans sa largeur est quelquefois de niveau sous l'escalier ; d'autres fois, pour de certaines raisons, on le fait pencher du côté du petit limon. Ceci est peu difficultueux. Dès qu'on a figuré la coupe de l'escalier, on voit le bout des courbes et la position de leurs arêtes ; on peut facilement comprendre comment il faut porter ces arêtes dans les développements. On fait aussi des escaliers à consoles, à goussets, etc.; mais je n'en dirai rien, car, connaissant ceux dont j'ai parlé, on n'aura qu'à jeter un coup d'œil sur ces derniers pour les comprendre parfaitement.

La deuxième partie du trait sera formée des ouvrages cintrés en plan et en élévation, tels que chambranle, éventail, persienne, etc. J'observerai que le développement particulier, que je recommande tant pour l'escalier, est ici

* Le limon évasé n'est pas d'un bel effet. On peut faire des escaliers à entonnoir sans évaser les limons ; c'est mieux et moins long.

encore plus indispensable. Un chambranle exécuté sans le secours de cette opération n'aurait ni le contour, ni la forme, ni la largeur, ni la régularité qu'on aurait cru lui donner. Ce développement est la base du trait; mais, pour des raisons que l'on comprendra, je ne m'étendrai pas davantage là-dessus. Je ne peux faire que des observations. Les corniches volantes, pour ceux qui voudront les faire, constitueront la troisième partie du trait. Je les place immédiatement après les chambranles, parce qu'il faudrait quelquefois, dans la menuiserie, les exécuter en même temps.

La quatrième partie du trait se composera des arêtiers * droits et des arêtiers courbes. On pourrait sur ces derniers redresser quelques erreurs, et faire voir comment on peut, par des procédés simples et faciles, leur donner les courbures les plus bizarres sans nuire à la régularité de leurs surfaces apparentes. Je voudrais aussi pouvoir mettre en présence deux systèmes différents, et les comparer; mais un si petit livre ne le permet pas.

Dans la cinquième partie du trait rentreront les calottes ** massives et celles d'assemblage, dont la dernière sera à montants rayonnants

* Arêtier, toute pièce de bois placée sur un angle et inclinée, comme la pièce de charpente formant arête sur l'angle d'un comble ou d'un toit, comme les pieds de devant d'un autel, etc.

** Calotte, boiserie du haut d'une niche.

et la plus élégante. Les dômes se font par les mêmes principes, et sont plus faciles à exécuter quand leurs plans sont purement circulaires.

La sixième partie du trait sera formée des voussures *. On les nomme queue de paon, Saint-Antoine ; corne de bœuf (ou de vache), oreille d'âne, partie de Marseille, etc., etc. Les unes ont reçu leurs noms de leurs formes, les autres des lieux où elles ont été construites pour la première fois. Tout ce que je pourrais dire ici sur les voussures ne serait que des mots ; il vaut donc mieux s'y appliquer que d'en parler inutilement. Les quadrilatères dont on se sert dans les corniches volantes pourraient, je crois, être utilisés, pour l'économie du bois, dans des panneaux peu gauches de certaines voussures. Je me réserve de faire plus tard quelques recherches là-dessus.

Le classement que je viens d'établir dans les parties du trait est une chose tout arbitraire. L'essentiel est de se faire comprendre des élèves ; le maître qui se fait le mieux comprendre est celui qui a la meilleure méthode et qui démontre le mieux, quelles que soient sa méthode et sa manière de démontrer.

Il sera bon de terminer cette étude par un ouvrage où les diverses parties du trait puissent se trouver réunies, par une chaire à pré-

* Voussure, espèce de boiserie d'embrasure, que l'on voit placée dans le haut d'une porte cintrée, ou d'une croisée, etc.

cher, je suppose. Il n'y a ici rien de bien nouveau. On n'a qu'à rassembler ce qu'on a déjà fait.

Qu'il y ait dans ce travail un escalier à plafond, cet escalier, on l'a fait.

Qu'il y ait un cul-de-lampe * sur un plan carré ou polygonoïde, ce ne sera que de l'arêtier; ses courbes ne seront, le plus souvent, que des pieds d'autel renversés; toutes choses qui ne vous sont pas inconnues.

Qu'il y ait une impériale ** sur un plan circulaire, on emploiera pour la faire les moyens dont on s'est servi pour faire la calotte à montants rayonnants.

Que la chaire, par exemple, s'adapte à une colonne, il faudra, à l'endroit de jonction, soit sous le cul-de-lampe, soit sur l'impériale, une traverse d'une forme assez originale; vous emprunterez aux voussures des moyens pour l'exécuter.

Je n'ai pas nommé toutes les pièces que l'on fait entrer dans le trait des menuisiers; mais qu'un élève ait dessiné les escaliers, les parties cintrées en plan et en élévation, les arêtiers, les calottes et les voussures; qu'il en ait bien étudié, bien saisi les principes, et il n'aura plus besoin de maître; il pourra faire, avec du goût

---

* Cul-de-lampe, pièce en forme de pyramide renversée, et attachée sous la cuve de la chaire.

** Impériale, sorte de dôme qui couronne la chaire.

13

et de la bonne volonté, toutes sortes d'ouvrages.
Les ouvrages varient de formes et de dimensions,
mais les principes, mais les opérations principales servant à les exécuter ne varient pas, et
je conclus qu'alors, pour pouvoir, on n'a qu'à
vouloir.

Des hommes exagérés, mystérieux, et qu'on
peut avec raison nommer les charlatans du
trait, prétendent qu'il faut quatre, cinq ans de
leçons pour qu'un menuisier sache passable-
ment le trait : ne croyez pas cela.

Celui qui a du courage et quelques dispositions peut, en vingt-quatre mois, dessiner les
profils de moulures, les figures les plus utiles
de la géométrie, une partie des ordres d'architecture et le trait ; outre des dessins, il aura
fait, en petit, des escaliers, des autels, des calottes et des voussures ; il aura fait enfin tous
les modèles qui lui étaient nécessaires pour la
conception de ses dessins.

Ayant exécuté en petit, on exécute en grand
avec plus de facilité ; les lignes étant alors plus
écartées les unes des autres, on risque moins
de se tromper ; le tout est de ne pas avoir
peur des grosses pièces de bois.

L'élève qui aura dessiné deux ans ne sera
pas d'une force égale au maître qui démontre
depuis bon nombre d'années : mais il pourra
travailler, se développer, se fortifier encore
sans le secours de personne ; et si ses dispositions naturelles sont supérieures à celles de

son maître, il doit nécessairement à la longue l'emporter sur lui.

Il y a des hommes qui disent qu'il vaut mieux ne point dessiner que de dessiner peu. Je suis d'un avis contraire; le peu que l'on fait peut avoir son utilité, mais je recommande de ne point précipiter ses études, et de bien apprendre le peu que l'on apprend.

O vous dont la modestie, dont les talents sont connus et appréciés, ô vous Lyonnais *L'Ami du Trait*, Toulousain *La Prudence*, Suisse *Le Résolu*, Lafrance *L'Ami du Trait*, Bourguignon *Fran-Cœur*, Gascon *L'Ami du Trait*, vous tous enfin, Compagnons courageux, qui, marchant dans la même voie, vous livrez à la démonstration, non-seulement par métier, mais par devoir, mais par dévouement, mais par amour pour vos semblables, continuez la tâche que vous vous êtes imposée! Vos méthodes sont-elles simples, qu'elles soient, s'il se peut, plus simples encore; rendez le trait facile et attachant, faites de nombreux élèves, formez des hommes à la société, communiquez-leur vos talents; mais de plus inspirez-leur votre sagesse; qu'ils ne soient prévenus ni contre ceux qui élèvent les murs des vastes édifices, ni contre ceux qui les couvrent de leurs combles solides *. Qu'ils n'aient de préven-

---

* Un baldaquin de la plus grande beauté, un ouvrage de charpente d'une complication extraordi-

tion ni contre les métiers, ni contre des rivaux *, ni contre des camarades. Ce qu'ils ont appris, d'autres peuvent l'avoir appris aussi, ou peuvent encore l'apprendre comme eux. Donc, s'ils ont des talents, qu'ils y joignent la modestie, cette belle qualité qui leur donne tant de prix ; qu'ils soient enfin comme vous êtes, et ils seront toujours estimés.

naire, a été mis cette année à l'Exposition des produits de l'Industrie. Cette réunion de je ne sais combien de milliers de petits morceaux de bois, cet assemblage confus, original, mais délicat, mais sublime, a quelque chose d'imposant. Cet ouvrage sort de la main des Compagnons Drilles. Rendons justice à tout le monde : les Compagnons Drilles ont bien travaillé !

* M. Olivier, homme plein de bonté et de talents, est Compagnon du Devoir. Il a été, à Paris, mon maître de dessin, et je ne peux que l'en remercier ; il a donné des leçons à un grand nombre de Compagnons de notre Société. Grandjean, dit Mâconais Le Chapiteau, Séverac, dit Toulousain La Prudence, Giraudon, dit Provençal Le Vainqueur, tous hommes savants et établis chacun dans son pays, ont été de ses élèves.

ABRÉGÉ

DE LA

VIE DE SALOMON.

Salomon, troisième roi des Juifs, fils de David et de Bethsabée, naquit l'an 1033 avant Jésus-Christ. Le nom de Salomon ou *Pacifique*, lui fut donné par son père, et celui de Jédédiah, qui signifie *aimable au Seigneur*, par le prophète Natham. Il fut sacré du vivant de David; et lorsque la mort de ce prince lui eut laissé le pouvoir souverain, il débuta par se débarrasser d'Adonias, son propre frère, dont un parti nombreux avait soutenu les prétentions au trône; il se débarrassa aussi, et cela d'après les dernières recommandations de son père, de Joab, assassin d'Abner et d'Hamasa. Après ces exécutions, très-ordinaires dans les pays de despotisme, le règne de ce prince s'affermit, il épousa alors la fille de Vaphrès, roi

13.

d'Egypte. Très peu de temps après son mariage, Salomon, qui avait alors vingt ans, alla sacrifier à Gabaon, et la nuit suivante le Seigneur lui apparut en songe, et lui promit de lui accorder tout ce qu'il demanderait; il demanda la sagesse, et Dieu, satisfait de tant de modération, voulut lui accorder en outre les richesses, la puissance et la gloire. Le jeune prince ne tarda pas à fournir des preuves d'une sagesse qui parut merveilleuse; on sait avec quelle habileté il parvint à reconnaître la véritable mère d'un enfant que deux femmes se disputaient, en ordonnant que cet enfant fût coupé en deux et partagé entre elles : l'une exigeait sa part, l'autre l'abandonnait, ce qui la fit reconnaître pour la véritable mère. Au milieu de la paix profonde dont jouissaient ses Etats, il bâtit un temple au Seigneur sur le modèle du tabernacle ou temple portatif de Moïse. Il consacra à cette construction des sommes énormes, qui en firent l'édifice le plus magnifique qu'on eût vu jusqu'alors. Il fallut pour l'achever sept ans et demi, et des ouvriers innombrables. Salomon, ayant ainsi prouvé sa reconnaissance au Dieu dont il tenait la sagesse, songea à se bâtir plusieurs palais d'une étonnante richesse; il fit élever des murailles autour de Jérusalem, fonda, embellit ou fortifia plusieurs villes. Il soumit à un tribut les misérables restes des nations qui avaient jadis possédé la Judée; il étendit les relations com-

merciales de ses sujets, et rendit son royaume
florissant au dedans et redoutable au dehors.
Parmi les monarques qu'attira auprès de lui
sa haute réputation, l'Écriture sainte distingue
la reine de Saba ou du Midi, qui vint le visiter vraisemblablement à l'époque où le temple
fut achevé. Le roi des Juifs et la reine de Saba
se firent réciproquement des présents très-ri-
ches, et cette reine s'en retourna ravie d'admi-
ration et de joie. Cependant Salomon ne résista
pas toujours aux séductions qui l'environnaient
de toutes parts, et il s'égara dans les passions
qui ont perdu tant de rois : il se livra au sen-
sualisme oriental ; il eut jusqu'à sept cents
femmes et trois cents concubines prises parmi
les nations avec lesquelles la loi défendait aux
Juifs de s'allier, et il s'abandonna, pour leur
plaire, au culte des idoles. La volupté, en dégradant son cœur, obscurcit sa raison, et son
règne ne fut plus qu'une longue suite de turpi-
tudes. Il put prévoir, dans ses derniers jours,
que son royaume après lui serait divisé, et ce
fut au milieu de ces craintes qu'il expira, âgé
de 58 ans ; il en avait régné quarante.

Salomon a composé le *Cantique des Cantiques*,
l'*Ecclésiaste*, et d'autres ouvrages très-poétiques
et philosophiques. Il fut regardé comme le
type de la sagesse orientale ; il est encore de nos
jours vénéré de toute l'Asie, qui le nomme *le
glorieux Soliman*. On peut le croire, Salomon
eut des vertus et de grandes qualités qui lui

appartenaient en propre ; c'est ce qui lui valut l'amour des peuples. Ses défauts et ses vices, dans le pays où il régnait, étaient attachés à sa condition de roi. Son royaume a été partagé après lui, mais c'est le destin des plus puissants monarques de n'avoir point de postérité légitime, et de laisser leurs vastes Etats morcelés ou asservis : ainsi César, Alexandre, Charles XII de Suède, et Napoléon.

TEMPLE DE SALOMON.

DES MATÉRIAUX ET DES OUVRIERS QUI Y FURENT EMPLOYÉS.

Salomon, dit la Bible, envoya vers Hiram, roi de Tyr, pour lui dire : « Comme tu as fait avec David, mon père, à qui tu as envoyé des cèdres pour lui bâtir une maison, fais de même avec moi. Je m'en vais bâtir une maison au nom de l'Eternel, mon Dieu. Or, la maison que je m'en vais bâtir sera grande ; car notre Dieu est grand au-dessus de tous les dieux. C'est pourquoi envoie-moi maintenant quelque homme qui s'entende à travailler en or, en argent, en airain, en fer, en écarlate, en pourpre, en cramoisi, et qui sache graver, afin qu'il soit avec les hommes experts que j'ai avec moi en Judée et à Jérusalem, lesquels David, mon père, a préparés. Envoie-moi aussi du Liban des bois de cèdre, de sapin et d'algumin; car je sais que tes serviteurs s'entendent bien à couper les bois du Liban; et voilà que mes serviteurs seront avec les tiens. Et qu'on m'apprête des bois en grande quantité, car la maison que je m'en vais bâtir sera grande et merveilleuse.» Et Hiram, roi de Tyr, répondit par écrit et dit: «Béni soit l'Eternel, le Dieu d'Israël, qui a fait les cieux et la terre, de ce qu'il a donné au roi David un fils sage, prudent et intelligent, qui doit bâtir une maison à l'Eternel. Je t'envoie donc maintenant un homme expert et habile *, sachant travailler en or, en argent, en airain, en fer, en pierre, en bois, en écarlate, en pourpre, en fin lin et en cramoisi, et sachant faire toutes sortes de gravures et de dessins, de toutes choses qu'on lui proposera, avec les hommes experts que tu as. Nous couperons du bois du Liban autant qu'il t'en faudra, et nous les mettrons par radeaux sur la mer de Japho, et tu les feras monter à Jérusalem.» — Le roi Salomon fit une levée de gens sur tout Israël; elle fut de trente mille hommes; il en envoya dix mille au Liban chaque mois. Tour à tour ils étaient un mois au Liban et deux mois en leur maison, et Adoniram était commis sur cette levée. Salomon fit aussi

* Cet homme expert et habile est sans doute cet autre Hiram que l'on considère comme architecte du temple.

une levée de cent cinquante-trois mille ouvriers étrangers, soixante-dix mille qui portaient les faix, quatre-vingt mille qui coupaient les bois sur la montagne, de plus trois mille six cents commis qui avaient la charge de l'ouvrage, lesquels commandaient aux peuples employés à ce travail. Par le commandement du roi, on amena de grandes pierres de prix et toutes taillées pour faire les fondements du temple, de sorte que les ouvriers tailleurs de pierre et autres de Salomon et d'Hiram taillèrent et préparèrent les pierres et les bois; puis ils bâtirent, ils élevèrent et ils décorèrent de toutes manières le temple le plus grand, le plus riche de l'univers.

NOTICE

SUR

LE COMPAGNONAGE.

Origine.

Le Compagnonage reconnaît trois fondateurs principaux; il forme plusieurs *Devoirs*, et se divise en un grand nombre de Sociétés. Les tailleurs de pierre, *Compagnons étrangers*, dits *les Loups*, les menuisiers et les serruriers du *Devoir de Liberté*, dits *les Gavots*, reconnaissent Salomon: ils disent que ce roi, pour les récompenser de leurs travaux, leur donna un devoir, et les unit fraternellement dans l'enceinte du Temple, œuvre de leurs mains. Les tailleurs de pierre, *Compagnons passants*, dits *les Loups-Garoux*, les menuisiers et serruriers du *Devoir*, dits *les Dévorants*, prétendent aussi être sortis du Temple : *maître Jacques*, fameux conducteur de travaux dans cet édifice, les aurait fondés. Les charpentiers, Compagnons passants ou *Drilles*, se donnent la même origine que les précédents ; ils seraient donc sortis du Temple, et *le Père Soubise*, savant dans la charpenterie, serait leur fondateur.

Les *Sociétés* que je viens de nommer ont fait naître ou ont servi de prétexte à la naissance d'une infinité d'autres Sociétés. Le Compagnonage s'est accru. *Les Enfants de Salomon*, divisés d'abord en trois corps, en forment quatre aujourd'hui. Des charpentiers, s'étant dits dans le principe *Renards de Liberté*, puis *Compagnons de Liberté*, ont voulu se mettre à côté d'eux. Les *Enfants de maître Jacques*, qui ne formaient aussi que trois corps, se sont donnés volontairement des auxiliaires. Les menuisiers ont reçu les tourneurs, et les serruriers ont reçu les vitriers. D'autres adjonctions ont été faites. Les taillandiers, les forgerons, les maréchaux, les charrons, les tanneurs, les corroyeurs, les blanchers, les chaudronniers, les fondeurs, les ferblantiers, les couteliers, les bourreliers, les selliers, les cloutiers, les tondeurs, les vanniers, les doleurs, les chapeliers, les sabotiers, les cordiers, les tisserands, les boulangers et les cordonniers, les uns loyalement, les autres par fraude, sont tous devenus Enfants de maître Jacques. Ce serait se tromper étrangement que de croire que j'aie voulu faire une satire contre les anciens enfants de ce fondateur, en mentionnant tant de corps d'état qui se sont introduits parmi eux. J'avoue franchement que j'estime autant un honnête boulanger et un honnête cordonnier qu'un menuisier et qu'un tailleur de pierre, quand ils sont honnêtes aussi. Les *Enfants du Père Soubise* se composaient d'un seul corps d'état; ils en embrassent trois à présent : les charpentiers ont reçu les couvreurs et les plâtriers.

De nos jours donc, comme on peut le voir, le Compagnonage se compose de presque tous les corps d'état. Je ne prétends pas ici tracer son histoire, mais je donnerai quelques détails qui le feront suffisamment connaître.

ENFANTS DE SALOMON.

Premier Corps. (*Tailleurs de pierre.*)

Les tailleurs de pierre, *Compagnons étrangers*, dit *les Loups*, passent pour être ce qu'il y a de plus ancien dans le Compagnonage. On fait courir sur eux une vieille fable où il est question d'Hiram, selon les uns, d'Adoniram, selon les autres; on y voit des crimes et des châtiments : mais je laisse cette fable pour ce qu'elle vaut.

Les tailleurs de pierre se divisent en deux classes : les *Compagnons* et les *Jeunes-Hom-*

mes ; il y a un premier Compagnon qui préside l'assemblée des Compagnons, un premier Jeune-Homme qui préside l'assemblée des Jeunes-Hommes ; les Compagnons se parent de la canne et de rubans fleuris d'une infinité de couleurs, qu'ils portent passés derrière le cou et flottants sur la poitrine. Celui qui se présente pour faire partie de la Société fait un temps de noviciat ; il mange, il couche chez la *mère*, et ne participe pas aux frais du corps. Quand il est suffisamment connu, on le reçoit Jeune-Homme, et il porte, comme tous ceux de sa classe, des rubans verts et blancs attachés à la boutonnière de l'habit et flottant au côté gauche. Les Compagnons et les Jeunes-Hommes ont des surnoms tels que ceux-ci : *La Prudence de Draguignan, La Fleur de Bagnolet, La Liberté de Châteauneuf,* etc. Ils prennent le nom de leur pays, quelque grand ou petit qu'il soit, et le surnom qu'ils ont reçu de la Société passe toujours devant ; c'est l'inverse de presque toutes les autres Sociétés. Ce n'est encore que chez eux que les non-Compagnons portent des surnoms et des couleurs. Ils remplacent le mot *Monsieur* par le mot *Coterie*. Ils ne *hurlent* pas, ils exercent quelquefois le *topage*. Quoiqu'il y ait dans cette Société un premier Compagnon et un premier Jeune-Homme, et par conséquent des assemblées à part, l'accord le plus parfait n'a jamais cessé de régner entre eux.

Deuxième Corps. (*Menuisiers.*)

Dans la Société des menuisiers du Devoir de Liberté, dit *les Gavots*, il y a trois ordres de Compagnons, savoir : premier ordre ou *Compagnons reçus;* deuxième ordre ou *Compagnons finis;* troisième ordre ou *Compagnons initiés.* Il y a en outre la classe de ceux qui ne sont pas encore reçus et que l'on nomme *Affiliés.* Quand un jeune homme se présente et demande à être membre de la Société, on interroge ses sentiments ; s'il fait des réponses satisfaisantes, on l'embauche. À la première assemblée générale, on le fait monter en chambre, et, en présence de tous les Compagnons et de tous les Affiliés, on lui fait quelques questions pour savoir s'il ne s'est pas trompé, si c'est bien dans cette Société et non dans une autre qu'il a voulu entrer ; car, comme on le lui fait observer, il y en a plusieurs, et chacun est libre dans son choix. Enfin, on lui fait lecture du règlement auquel tout Compagnon, tout Affilié doivent se soumettre ; on lui demande s'il peut s'y conformer : s'il répondait non, il pourrait se retirer ; s'il répond oui, il est *affilié* et placé à son rang de salle. S'il est honnête et intelligent, il arrivera successivement à tous les ordres du Compagnonage et à tous les emplois de la Société. Les Compagnons se parent de petites cannes et de rubans bleus et blancs qu'ils attachent à la boutonnière de l'habit, et qu'ils font flotter au côté gauche. Le chef de la Société est nommé *premier Compagnon*, s'il est du second ordre, et *Dignitaire*, s'il est du troisième. Dans le premier cas, ses rubans, qu'il porte comme les autres Compagnons, sont embellis de franges en or; il est paré, les jours de fête et de cérémonie, d'un bouquet à deux épis dorés : dans le second, il est décoré d'une écharpe bleue, passant sur l'épaule droite et pendant au côté gauche, ornée sur la poitrine d'une équerre et d'un compas entrelacés, et, à ses extrémités inférieures, de franges en or. La Société change de chef deux fois par an ; tous les Compagnons, tous les Affiliés concourent à l'élection; le vote est sur bulletin. Le candidat qui obtient la majorité des suffrages est proclamé Premier Compagnon ou Dignitaire, selon l'ordre auquel il appartient ; on le pare des insignes de sa nouvelle dignité, et il est pendant six mois à la tête de la Société. Il accueille les arrivants, dispose du *Rouleur* à son gré; il fait embaucher, lever les *acquits;* il convoque les assemblées. Mais il a des devoirs à remplir et a besoin de marcher droit pour n'être pas révoqué. Il y a un Secrétaire et des Anciens chargés de surveiller journellement la direction des affaires. A la Société appartient le contrôle de toute chose. On voit qu'une hiérarchie est établie dans cette Société, ce qui néanmoins n'en exclut pas l'égalité entre tous ses membres. Les Compagnons et les Affiliés sont mêlés dans les ateliers, dans les chambrées et aux mêmes tables; ils se réunissent aux mêmes assemblées. Un Compagnon n'a pas plus de pouvoir sur un Affilié que celui-ci sur un Compagnon. Le règlement étant positif et les droits étant communs, on peut se prendre réciproquement en défaut. Un chef de la Société pris en défaut subit double peine, et cela pour lui rappeler qu'il doit servir d'exemple à tous. Les lois de la Société défendent le topage. Ces deux mots, *vous* et *toi*, ont paru se faire la grimace; il en fallait proscrire un, on a proscrit le *toi*. Tous les membres de la Société, jeunes et vieux, doivent se dire réciproquement *vous*. La propreté et le respect sont de rigueur. Les Compagnons portent des surnoms tels que ceux-ci : *Languedoc La Prudence, Bordelais La Rose*, etc.; le mot *Pays* est à la place du mot *Monsieur*; on ne connaît pas les hurlements.

On trouve vraiment de très-bonnes choses dans cette Société; il y a cependant un point qui excite quelquefois des réclamations. Si des Affiliés venaient s'en plaindre à moi, je leur répondrais : « Cela vous paraît mauvais, et cause votre mécontentement; examinez-le avec attention, pensez-y, méditez-le sans cesse, mais ne soyez point poussés par des sentiments égoïstes; soyez laborieux, soyez sages et prudents, bientôt vous serez Compagnons ; alors, si ce qui vous parut mauvais vous le paraît encore, tentez de le réformer. Pour être justes et généreux, il faut faire pour les autres ce que vous auriez voulu que l'on fît pour vous.

« Si vous proposez un jour une réforme qu'on ne voudra pas accueillir, gardez-vous bien de vous retirer pour cela de la Société : vous feriez présumer par là que vos intentions n'étaient pas pures.

« De plus, si ayant tenté plusieurs fois d'introduire une réforme, vous n'avez pu y réussir, n'en soyez point blessés, mais soyez jusqu'au bout les hommes de la Société. Après vous, soyez-en convaincus, d'autres Compagnons s'empareront de vos idées, ils les pousseront plus avant, et finiront enfin par les faire triompher en votre absence même ! »

Il faut agir avec sagesse, avec prudence pour faire le bien. Ceux qui agissent autrement n'engendrent que désordre et bouleversement. Les Sociétés ont deux genres d'ennemis : ce sont ceux qui, attachés aux vieilles formes, ne tiennent aucun compte de la marche des temps, et ceux qui, avec des idées opposées, les devancent et veulent faire impérieusement, brutalement, ce qu'ils appellent la volonté de tous. Je ne veux rien dire sur les intentions, mais j'avouerai que les rétrogrades et les trop violents sont également dangereux.

Voulez-vous servir une bonne cause, procédez avec douceur, avec persévérance, et que jamais rien ne vous rebute.

Troisième Corps. (*Serruriers.*)

J'ai peu de choses à dire des Compagnons serruriers; ce que j'ai dit des menuisiers s'applique parfaitement à eux; ils ont même organisation, mêmes lois, même règlement.

Ils sont peu nombreux sur le Tour de France. Quand ils sont trop peu dans une ville, ils font *mère* commune avec les menuisiers, parmi lesquels ils se confondent comme s'ils étaient du même état. Dans cette circonstance, un serrurier peut devenir chef d'une Société où il n'y aurait presque que des menuisiers.

Pour ne pas interrompre ce que j'ai à dire sur les Sociétés primitives, je renvoie un peu plus loin à parler des Charpentiers de Liberté.

ENFANTS DE MAITRE JACQUES.

Premier Corps. (*Tailleurs de pierre.*)

Les tailleurs de pierre, *Compagnons du Devoir* ou *Compagnons passants*, dits les *Loups-Garoux* sont, dit-on, moins anciens que les Compagnons Etrangers, dont la Société existait seule dans le vieux temps.

La division se mit au sein de cette Société. Il

y eut scission. Ceux qui se retirèrent formèrent une association particulière, et se dirent *Compagnons passants*. Ces deux noms, *étrangers* et *passants*, viennent de ce que presque tous les tailleurs de pierre qui travaillèrent au temple de Salomon n'étaient pas de la Judée, mais de Tyr et des pays environnants; ils étaient donc *étrangers* dans Jérusalem. Ils étaient passants aussi, car ils ne prétendaient pas y demeurer toujours.

Cette Société de tailleurs de pierre se divise en deux classes, les Compagnons, et ceux qui aspirent à l'être, et que l'on appelle *Aspirants*. Les Compagnons portent de longues cannes et des rubans fleuris de couleurs variées, attachés autour du chapeau, et tombant jusqu'au bas de l'oreille. Ils s'appellent *Coterie*, et portent des surnoms comme les autres tailleurs de pierre; ils *topent*, ils ne hurlent pas. Leur rigueur envers les Aspirants est excessive.

Les *Loups* et les *Loups-Garoux* sont à peu près égaux en nombre; ils sont ennemis jurés, et se livrent souvent des combats sanglants. Quand ils travaillent à un même pont, il est dangereux de les placer sur la même rive; la rivière est quelquefois trop étroite pour les séparer. Dans Paris cependant ils travaillent fréquemment ensemble, et il n'en résulte rien de mauvais.

DEUXIÈME CORPS. (*Menuisiers*.)

Dans la Société des Compagnons menuisiers

du *Devoir* dits les *Dévorants* ou *Devoirants* (on leur donne aussi le nom de *Chiens,* commun à tous les Dévoirants) il y a deux classes bien tranchées ; ce sont , comme dans toutes les Sociétés se disant de maître Jacques, les Compagnons et les Aspirants. Les Compagnons tiennent assemblée à part, les Aspirants de même; un Compagnon commande l'assemblée des Compagnons, le premier Aspirant commande celle des Aspirants. Les Compagnons pénètrent dans l'assemblée des Aspirants qu'un des leurs préside, et les Aspirants ne peuvent entrer dans l'assemblée des Compagnons. Les Compagnons couchent en chambre particulière, mangent à des tables où les Aspirants ne peuvent prendre place. Les jours des grandes fêtes, ils font festin à part et dansent à part ; enfin il y a peu de liaison, peu de sympathie entre ces deux classes ; les uns affectent des airs que les autres n'admirent plus. Ce qui le prouve, ce sont les discordes qui ont éclaté entre eux dans plusieurs grandes villes, et qui ont fait naître la Société des *Révoltés,* société très-nombreuse.

Les Compagnons menuisiers ne se donnent point de surnoms; ils s'appellent par leurs noms de baptême et de pays, comme, par exemple, *Pierre le Gatinais, Hippolyte le Nantais,* etc., etc. Ils portent des petites cannes et des rubans verts, rouges, blancs, attachés à la boutonnière, comme les Gavots. Ils portent aussi des gants blancs parce qu'ils n'ont pas, disent-ils, trempé leurs mains dans le sang d'Hiram. Ils n'ont qu'un ordre de Compagnons. Cependant le nouveau reçu, dit *Pigeonneau*, fait un temps de noviciat. Chaque Compagnon fait tour à tour une semaine de rôle, comme dans toutes les autres Sociétés.

Le Compagnon le plus ancien dans une ville est nommé le *premier en ville*, et les Aspirants le regardent comme un premier Compagnon. S'il y a parmi les Compagnons un chef élu, ce chef est peu connu des Aspirants.

Ils font usage du mot *pays*; ils se prêtent, entre Compagnons, un appui mutuel. Ils sont propres et passent pour être fiers, ils ne voudraient pas que les menuisiers et serruriers de Salomon pussent se dire Compagnons du Devoir de liberté, mais Compagnons de Liberté seulement; il faudrait pour les contenter rayer le mot *devoir*.

Les menuisiers des deux Sociétés sont rivaux certainement; mais ils se battent rarement les uns contre les autres.

TROISIÈME CORPS. (*Serruriers.*)

Les serruriers sont organisés comme les menuisiers, mais ils sont beaucoup moins nombreux. Dans ce derniers temps, des révoltes d'Aspirants les ont considérablement affaiblis.

Il n'existe pas entre les menuisiers et les serruriers un accord parfait. Ils ne se fréquentent même plus. Je connais la cause de leur refroidissement, mais je crois qu'il n'est pas utile d'en parler.

J'ai dit quelque part que les Enfants de maître Jacques s'étaient adjoint d'autres corps d'états, mais les nouvelles Sociétés étant faites à l'image des anciennes, j'ai peu de choses à en dire. Cependant je citerai plus loin quelques particularités qui les distinguent.

ENFANTS DU PÈRE SOUBISE.

Seul Corps. (*Charpentiers.*)

La Société des charpentiers, *Compagnons passants* ou *Drilles*, se disant aussi *Dévorants*, renferme deux classes, les Compagnons et les *Renards* (sorte d'aspirants). Les Compagnons portent de très-grandes cannes et des rubans fleuris et variés en couleurs; ils les attachent autour de leurs chapeaux et les font descendre par devant l'épaule. Dans leurs rapports avec leurs *Renards*, ils sont peu commodes; on a vu des Compagnons se nommer le *Fléau des Renards*, d'autres la *Terreur des Renards*, etc. Le Compagnon est un maître, le Renard est un serviteur. Le Compagnon peut lui dire: — Cire-moi mes bottes, brosse-moi mon habit, verse du vin dans mon verre, etc... Le Renard obéit, et le Compagnon se réjouit d'avoir fait *aller* le Renard. En province, un Renard travaille rarement dans les villes; on le

chasse, comme on dit, *dans les broussailles.*
Dans Paris, on le rend moins farouche, et il
travaille dans les mêmes chantiers que les
Compagnons. Celui qui dans un chantier conduit les travaux est nommé *Gâcheur*, et touche sans doute une journée plus élevée que
les autres travailleurs. Excepté lui, tous les
autres charpentiers, qu'ils soient bons ou mauvais ouvriers, reçoivent la même paie. Ils disent qu'un ouvrier très-bouché peut avoir un
appétit très-ouvert, et qu'il faut qu'il vive et
fasse vivre sa famille. Des gens concluront de
cette égalité de paie qu'il vaut autant, dans
cet état, être mauvais que bon ouvrier ; mais
qu'ils réfléchissent que l'ouvrier le moins habile fait les travaux les plus grossiers et les
plus rudes, et qu'il est, quand l'ouvrage baisse,
le premier renvoyé du chantier ; ils convien-
dront alors qu'il y a toujours un désavantage
à être mauvais ouvrier.

Les Compagnons *Drilles* hurlent dans leur
cérémonies et reconnaissances ; ils topent sur
les routes ; ils se battent souvent, soit contre
les boulangers, soit contre les cordonniers et
autres corps d'états. Ils se soutiennent très-bien
et savent maintenir les prix de leurs journées.

Je ferai remarquer que dans ce corps d'état
l'apprenti est appelé *Lapin*, l'aspirant *Renard*,
le Compagnon *Chien*, et le maître *Singe*. Voici
comment on explique ces qualifications. Le
Lapin est le plus faible et le moins intelligent.

Le Renard, plus grand et plus fort, fait courir le Lapin et le fait aller où il veut. Le Chien prime à son tour sur le Renard, et lui donne de rudes chasses. Le Singe, le plus fin, le plus adroit de tous, prime sur le Chien, sur le Renard et sur le Lapin, dispose de tous à son gré, et les exploite à son profit. Les charpentiers sont loin de se fâcher, quand on rit de ces nombreuses métamorphoses.

ADJONCTION AUX ENFANTS DE SALOMON.

CHARPENTIERS.

Les charpentiers, se disant de nos jours *Compagnons de Liberté*, se disaient autrefois *Renards de Liberté;* ce qui prouverait qu'ils ont été dans des temps plus anciens aspirants des Compagnons Drilles, contre lesquels, se voyant traités en esclaves, ils se seront révoltés; ils auront quitté l'habitation commune pour vivre et faire mère à part. S'étant ainsi affranchis de leur servitude et vivant sans maîtres, ils auront ajouté à leur nom de *Renard* le mot *liberté*. Ils ne tardèrent pas à se donner un Devoir et à se faire Compagnons. Ils se dirent alors Compagnons de Liberté et Enfants de Salomon. Ils ont sans doute, pour former leur Devoir, fait des emprunts à d'autres Sociétés, principalement à celle d'où ils sortaient : les *hurlements* qu'ils poussent le font présumer. Ils n'ont point de rapports avec les anciens Enfants de Salomon. Leurs hurlements, comme on peut le penser, porteront toujours obstacle à une franche union.

Les charpentiers Compagnons de Liberté habitent à Paris la rive gauche de la Seine; les charpentiers Compagnons passants ou Drilles habitent la rive droite. Ils sont tenus, les uns et les autres, d'après une certaine convention, à travailler du côté du fleuve où leur domici est fixé : ce qui ne les empêche pas de se livrer souvent de rudes combats.

ADJONCTIONS AUX ENFANTS DE MAITRE JACQUES.

ÉTATS DIVERS.

J'ai déjà dit que les menuisiers avaient reçu les tourneurs, les serruriers, les vitriers. Les anciens ne hurlent pas. Les tourneurs et les vitriers hurlent. Je ne replacerai pas ici les noms de toutes les sociétés engendrées immédiatement après celle-ci. J'observerai qu'elles se ressemblent toutes sous beaucoup de rapports. Quant aux hurlements, quant au topage, elles en usent toutes; quant aux longues cannes, quant aux couleurs, on en porte partout ; quant aux divisions par classes, ce sont toujours des Compagnons et des Aspirants.

Les cloutiers ont quelque chose de particulier ; ils suivent encore les plus vieilles coutumes : ils commandent leurs assemblées, ils font leurs grandes cérémonies en culotte courte et en chapeau monté. De plus, ils ont des cheveux longs et tressés sur leur tête. Si un membre de leur Société vient à mourir, ils quittent leurs chapeaux, défont, délient leurs longues tresses, et vont l'enterrer avec les cheveux en désordre et leur couvrant presque tout le visage. Les cloutiers sont nombreux à Nantes, et l'on peut dire d'eux qu'ils se soutiennent comme des frères.

Les forgerons aussi se parent de culottes courtes et de chapeaux montés.

Je parlerai de quelques sociétés de moins vieille date.

Les Compagnons tisserands sont peu anciens ; un menuisier traître à sa Société leur vendit le Devoir.

Les cordonniers n'ont guère que trente ans de Compagnonage. Voici leur origine. Un gendarme, ayant été ouvrier et Compagnon corroyeur, vendit dans Angoulême son Devoir à un cordonnier nommé *Carcassonne Le Turc,* qui le communiqua à ceux de sa profession. Les cordonniers se formèrent en société et devinrent très-forts ; ils soutinrent pendant huit jours une bataille affreuse contre les corroyeurs. Il y eut des blessés et des morts. A la suite de cette affaire, *Mouton Cœur-de-Lion,* cordonnier des plus courageux, fut mis aux galères de Rochefort, où il mourut, sans doute de chagrin et d'ennui. Les cordonniers vénèrent la mémoire de ce Compagnon, et dans un de leurs couplets on trouve les vers suivants :

Provençal l'Invincible,
Bordelais l'Intrépide,
Mouton Cœur-de-Lion
Nous ont fait Compagnons.

Le Devoir fut porté d'Angoulême à Nantes, et de là se répandit dans d'autres villes. Les Compagnons cordonniers sont nombreux et d'une bravoure remarquable. Ils se battent fréquemment, et je dois avouer qu'ils sont souvent attaqués.

Les cordonniers portent d'abord deux couleurs, une rouge, une bleue ; puis dans chaque ville de Devoir où ils passent, ils prennent une couleur de plus. Ce qui fait qu'en terminant leur tour de France, ils en ont un grand nombre.

J'ai dit que les cordonniers ne comptaient qu'une trentaine d'années de Compagnonage. Cependant on trouvera dans l'Histoire de Paris, par Dulaure, que le 27 septembre 1645 les Compagnons cordonniers, appelés *Compagnons du Devoir*, furent dénoncés à la Faculté de théologie à cause des pratiques de l'initiation d'un apprenti au grade de Compagnon, etc., etc. Il est probable que cette Société fut dissoute, et que son Devoir se perdit ; car il est bien positif que la Société actuelle des cordonniers est peu ancienne.

Les boulangers comptent une vingtaine d'années de Compagnonage ; ils tiennent le Devoir des doleurs, et ils se sont formés en société à La Rochelle, puis à Bordeaux.

Les tailleurs ont été compagnons ; mais leur Devoir s'est perdu.

ADJONCTION AUX ENFANTS DU PÈRE SOUBISE.

COUVREURS ET PLATRIERS.

Les charpentiers ont reçu les couvreurs et les plâtriers ; ils diffèrent peu les uns des autres dans leurs arrangements. Chez les couvreurs, le non-Compagnon est appelé *Aspirant*, et chez les plâtriers *Bouquin*.

Les Enfants du père Soubise, comme les Enfants de maître Jacques, se disent Compagnons du Devoir. Les Compagnons du Devoir seraient très-forts s'ils étaient d'accord entre eux, mais ils ne le sont pas.

Ainsi les menuisiers, amis des charpentiers et des tailleurs de pierre, sont ennemis des maréchaux que ces derniers accueillent. On pense que les maréchaux tiennent le Devoir des forgerons, qui les repoussent.

Les maréchaux repoussent les bourreliers.

Les forgerons ont reçu les charrons sous la condition que ceux-ci porteraient les couleurs à une boutonnière basse ; les charrons promirent tout, mais ils n'ont pas tenu leur promesse ;

15.

ils portent les couleurs aussi haut que les forgerons ? voilà la cause de leur haine et de leurs
querelles.

Les charpentiers portent les couleurs d'une
manière, les tanneurs veulent les porter de la
même manière, c'est ce qui les rend ennemis
jurés.

Les charpentiers sont souvent en contestation
avec les tailleurs de pierre au même sujet.

Les tanneurs et les corroyeurs sont en discorde pour affaire de couleur. Enfin presque
toutes les discordes entre les Compagnons du
Devoir viennent des couleurs et du droit de
préséance. Chacun veut avoir le pas sur les
autres.

Les vanniers, les doleurs, les chapeliers, les
sabotiers, les cordiers, vivent chacun dans l'isolement le plus complet.

Les tisserands, les boulangers, les cordonniers sont isolés aussi et repoussés de tous les
autres corps d'états, qui ne les jugent pas dignes d'être Compagnons. Je ferai observer que
quoique les tisserands, les cordonniers, les boulangers, les maréchaux, etc., etc., soient ennemis des Compagnons menuisiers et serruriers du
Devoir, si un membre de ces Sociétés avait un
frère menuisier ou serrurier, ce frère se met-
trait plutôt avec les Compagnons du Devoir
qu'avec les Compagnons du Devoir de Liberté ;
et cela se conçoit, car il dirait : Mon frère est Dévorant, je veux être Dévorant aussi ! Voilà ce qui

fait que les Compagnons du Devoir dans chaque état sont plus nombreux que les Compagnons du Devoir de Liberté.

SOCIÉTÉ DE L'UNION OU DES INDÉPEN-DANTS, DITS LES RÉVOLTÉS.

En 1830 des Aspirants menuisiers et des Aspirants serruriers se révoltèrent à Bordeaux contre leurs Compagnons, et formèrent entre eux le noyau d'une Société nouvelle. Depuis, à Lyon, à Marseille, à Nantes, d'autres Aspirants se sont encore révoltés et formés en société, à l'exemple de ceux de Bordeaux. Ces diverses Sociétés ont correspondu entre elles, et la *Société de l'Union ou des Indépendants* s'est trouvée constituée. Que les Compagnons du Devoir disent tant qu'ils le voudront que cet effet a eu lieu sans cause, je ne le crois pas, car les membres de la nouvelle Société sont très-nombreux, et tant d'individus ne se révoltent jamais pour rien. Ils font la guerre aux Compagnons du Devoir comme Spartacus la faisait à la vieille et injuste Rome; les Compagnons les appellent les *Révoltés*; eux se nomment les *Indépendants!* Il n'y a chez eux aucun mystère, aucune initiation, aucune distinction. Leur chef ou président est nommé par élection; sa présidence dure plus ou moins, c'est-à-dire autant que cela convient soit à lui, soit à la Société. Tous les membres de la Société sont égaux; malgré cette égalité, l'ordre et la paix sont loin de régner chez eux, ce qui prouverait peut-être qu'une hiérarchie bien entendue ne nuit pas dans une association de jeunes gens ayant à peu près même fortune, même instruction, et pouvant par conséquent arriver également à tous les ordres et à toutes les places, pour se retirer ensuite de cette société d'ouvriers voyageurs, se fixer quelque part, et devenir membre d'une plus grande société, la société française. Je pourrais parler d'un schisme survenu entre les Compagnons menuisiers du Devoir qui les partage en deux partis, les vieux et les jeunes. Les vieux, connus sous le nom de *Damas* et de *Renégats*, sont peu nombreux; les jeunes ont toute la force de leur Société.

Je pourrais parler encore des *Droguins*, des *Rendurcis*, des *Margajas*, des *Gamins*, etc.; mais tous ces détails m'entraîneraient trop loin, et seraient d'ailleurs peu utiles. Je retourne à la masse du Compagnonage pour en faire connaître les généralités et les particularités par articles détachés. Je me répéterai quelquefois; mais ces répétitions prendront très-peu d'espace dans ce livre et auront quelque utilité. C'est pour cela que je me les permettrai.

LA MÈRE.

Quand un Compagnon va à la maison où la

Société loge , mange et tient ses assemblées, il dit : *Je vais chez la mère.* Si l'aubergiste chez lequel la Société est établie n'avait point de femme, on dirait également en allant chez lui : Je vais chez la *mère.* On le voit , le mot *mère* fait non-seulement penser à la maîtresse de la maison, mais à la maison elle-même. Cela connu , je dirai : L'aubergiste est le père des Compagnons , sa femme est leur mère, les enfants de l'hôtelier et les domestiques sont leurs frères et leurs sœurs. Tous les membres de la Société sont solidaires les uns des autres envers la *mère* jusqu'à un certain degré. On a vu des *pères* et des *mères* aimer les Compagnons comme s'ils étaient leurs propres enfants.

LE ROULEUR.

Dans toutes les Sociétés, chaque Compagnon, à tour de rôle , consacre une semaine à embaucher et à lever les acquits ; de plus, il commande les assemblées , il accueille les arrivants, il accompagne les partants en portant sur son épaule leur canne et leur paquet jusqu'au lieu de séparation : telles sont les fonctions du *Rouleur.*

EMBAUCHAGE.

Dans la Société des Compagnons du Devoir de Liberté, le Rouleur conduit, soit un Compagnon, soit un Affilié chez le maître, et lui dit : Voici un ouvrier que je viens vous embaucher. Le maître met cinq francs dans la main du Rouleur, qui, se tournant vers l'ouvrier, lui dit : Voilà ce que le maître vous avance; j'espère que vous le gagnerez. L'ouvrier répond affirmativement. Le maître doit ignorer si l'ouvrier est Affilié ou Compagnon; quand un Rouleur a embauché plusieurs hommes, il leur rend l'argent que le maître leur a avancé, puis ils déjeunent ou dînent ensemble, et ceux-ci, entre tous, lui paient son écot. Cependant il pourrait exiger de chacun à part un léger repas.

Dans la Société des Compagnons du Devoir, le Rouleur mène également ses hommes chez les maîtres, qui avancent cinq francs si c'est un Compagnon, trois francs si c'est un Aspirant. La journée d'un Aspirant est payée cinq sous de moins que celle d'un Compagnon; cependant, comme dans ces derniers temps presque tous les ouvriers sont aux pièces, cette distinction est de peu d'effet. Le Rouleur rend un franc à l'Aspirant, et en garde deux pour lui. Dans les villes de Devoir, il doit verser un franc dans la caisse des Compagnons, caisse qui n'a rien de commun avec celle des Aspirants.

LEVAGE D'ACQUIT.

Quand un ouvrier quitte sa boutique, le Rouleur le ramène chez le maître d'où il sort, pour savoir s'ils n'ont rien à se réclamer ni l'un ni l'autre.

Quand un jeune homme sort d'une Société de Compagnons pour entrer dans une autre Société de même genre, les Compagnons qui l'accueillent font lever son acquit chez les Compagnons qu'il quitte, pour savoir s'il s'est bien comporté.

Quand un membre de la Société part d'une ville, on lève son acquit chez la mère et auprès de la Société.

RAPPORTS DES COMPAGNONS AVEC LES MAÎTRES.

Un maître ne peut occuper que les membres d'une seule Société. Il s'adresse au premier Compagnon qui, par l'intermédiaire du Rouleur, lui procure les ouvriers dont il a besoin. Si le maître n'est pas content d'un ouvrier, il s'en plaint au premier Compagnon. Si un ouvrier n'est pas content du maître, il s'en plaint également au premier Compagnon, qui cherche à contenter tout le monde autant qu'il le peut. Si un maître est trop brutal et trop exigeant envers les ouvriers, la Société qui le servait cesse de lui en donner ; il s'adresse alors à une autre Société ; mais s'il ne corrige pas ses manières, il perd encore ses ouvriers. Quand un maître cherche à diminuer toujours le salaire des ouvriers, les Sociétés s'en alarment, car le mal est contagieux. Alors elles s'entendent, et mettent sa bouti-

en interdit pour un nombre d'années ou pour toujours. Cette interdiction cause un grand dommage au maître ; quelquefois elle le ruine; mais les Compagnons n'en sont point touchés, et ils disent hautement : — Il a voulu retirer le pain aux ouvriers ; cependant sans eux il ne pouvait pas vivre; il fut un égoïste, un exploiteur sans miséricorde ; nous l'avons abandonné à ses propres ressources, qui ont été insuffisantes. Avis à ceux qui voudraient l'imiter !

SERVICES ET SECOURS.

Quand un Compagnon arrive dans une ville, on l'embauche; s'il n'a pas d'argent, il a du crédit; si des affaires pressantes exigeaient son départ, étant, lui, dépourvu d'argent, la Société lui accorderait des secours de ville en ville jusqu'à ce qu'il fût rendu à sa destination.

Si un membre de la Société est mis en prison pour des faits non dégradants, on fait pour lui tout ce qu'on peut faire; s'il tombe malade, chacun va le voir à son tour et lui porte tout ce qui peut lui être utile. Dans certaines Sociétés, on visite moins fréquemment le malade, mais on lui fait dix sous par jour, dont le montant lui est rendus dès qu'il sort de l'hospice.

Si un membre meurt, la Société lui rend le dernier service en l'accompagnant jusqu'à sa dernière demeure. Au bout d'un an, son souvenir est rappelé à la mémoire de ses frères.

Si la Société d'une ville éprouve des malheurs et demande des secours, les Sociétés des autres villes ne sont point sourdes à sa voix, et la soulagent promptement et de toutes les manières.

COTERIES ET PAYS.

Les tailleurs de pierre des deux partis, et les charpentiers des deux partis aussi, se disent *coterie*; tous les Compagnons des autres états se disent *pays*.

SURNOMS DES COMPAGNONS.

Les menuisiers et les serruriers du Devoir ne portent pas de surnom. Les tailleurs de pierre des deux partis, faisant passer le surnom devant le nom du pays, s'appellent comme ceci : *La Rose de Carcassonne, Le Décidé de Tournus*, etc. Tous les autres Compagnons tournent la chose différemment, et s'appellent *Carcassonne La Rose, Tournus Le Décidé*, etc.

ORIGINE DES SOBRIQUETS.

Il est probable que dans les premiers temps du Compagnonage, en crainte des docteurs en théologie, les cérémonies avaient lieu dans les profondeurs des bois. Il est probable aussi que tous les Compagnons hurlaient. Leurs hurlements étaient plus ou moins graves, plus ou moins aigus, selon les Sociétés ; de là sont venus sans doute ces sobriquets : *Loups, Loups-Garoux,*

Chiens, etc., etc. D'autres prétendent que le nom de *chien,* attribué à tous les Compagnons du Devoir, vient de ce que ce fut un chien qui découvrit le lieu où gisait sous des gravats le cadavre d'Hiram, architecte du Temple, et que, d'après cela, tous les Compagnons qui se séparèrent de ceux qui avaient tué Hiram furent appelés de ce nom de *chien.* Sur le sobriquet *Dévorant,* je dirai : le Devoir est un code ; c'est l'ensemble des lois et des règlements qui dirigent une société; ceux qui possédaient un Devoir furent nommés *Devoirants,* puis *Dévorants.* Sur le sobriquet *Gavot,* voici ce que l'on dit : quand les Compagnons du Devoir de Liberté, arrivant de la Judée, débarquèrent en Provence, ils se réunirent sur les hauteurs de la Sainte-Baume; de là ils descendirent dans les vallées et dans les plaines pour se répandre ensuite dans les villes. Ceux qui les virent descendre de la montagne dirent : *ce sont des Gavots,* et ce nom leur fut conservé. Je ferai observer qu'en Provence on appelle Gavots les habitants de Barcelonnette et tous les autres habitants des montagnes.

QUI HURLE ET QUI NE HURLE PAS.

Les tailleurs de pierre Compagnons étrangers, les menuisiers et les serruriers du Devoir de Liberté ne hurlent pas; les tailleurs de pierre Compagnons passants, les menuisiers et les serruriers du devoir ne hurlent pas non plus. Les Compagnons de tous les autres corps d'états hurlent.

TOPAGE.

Si deux compagnons se rencontrent sur une route, ils se *topent*. Voici comment. Etant à une vingtaine de pas l'un de l'autre, ils s'arrêtent, prennent une certaine pose, et ces demandes et ces réponses sont hautement articulées :—Tope pays! quelle vocation?—Charpentier; et vous, le pays? — Tailleur de pierre. — Compagnon? — Oui, le pays; et vous? — Compagnon aussi.—Alors ils se demandent de quel côté ou de quel Devoir. S'ils sont du même, c'est une fête, ils boivent à la même gourde; si un cabaret se trouve près de là, on y va choquer le verre. Dans le cas contraire, ce sont des injures d'abord, et puis des coups.

QUI TOPE ET QUI NE TOPE PAS.

Les Compagnons menuisiers et serruriers du Devoir de Liberté ne topent pas; ils ont d'autres moyens pour se reconnaître. Tous les autres Compagnons topent.

RUBANS OU COULEURS.

Les couvreurs, les charpentiers et les tailleurs de pierre passants ont des rubans fleuris et variés en couleurs. Ils les portent au chapeau. Les couvreurs les font flotter derrière le dos; les charpentiers les font tomber par devant l'épaule gauche; les tailleurs de pierre aussi, mais un peu moins longs. D'après leur manière de voir, ceux qui travaillent au faîte des maisons doivent porter les couleurs au faîte des chapeaux. Les tailleurs de pierre étrangers ont des rubans fleuris et de toutes couleurs qu'ils portent attachés au cou, tombant sur la poitrine. Les menuisiers, les serruriers du Devoir de Liberté les portent bleus et blancs, attachés au côté gauche.

Les menuisiers, les serruriers du Devoir, et presque tous les autres Dévorants ont le rouge, le vert et le blanc pour couleurs premières, puis, en voyageant, ils en cueillent d'autres. Ils les portent tous au côté gauche, et attachés à une boutonnière plus ou moins élevée. Les Compagnons qui en portent au chapeau en portent au côté aussi.

Arracher les couleurs à un Compagnon, c'est le plus grand outrage qu'on puisse lui faire. Il faut considérer les couleurs d'une Société comme le drapeau d'une nation.

CANNES.

Tous les Compagnons portent des cannes : dans certaines Sociétés on les porte courtes ; ce sont des cannes quelque peu pacifiques ; dans d'autres on les porte longues et garnies de fer et de cuivre ; ce sont alors des cannes guerrières, des instruments de bataille. Les jours de cérémonie on pare les cannes de rubans.

Le Compagnon qui arrache la canne à un

autre Compagnon ennemi a fait une grande prouesse; il s'en glorifie.

ÉQUERRE ET COMPAS.

L'équerre et le compas sont les attributs de tout le Compagnonage, car on pense, je l'ai déjà dit, que le mot *compagnon* dérive de *compas*.

Néanmoins un grand nombre de Sociétés ne veulent pas permettre que de certains corps d'états s'en parent. On trouve ces états trop inférieurs et trop au-dessous d'un tel instrument!

Les cordonniers et les boulangers ont payé cher quelquefois la gloire de porter le compas; tous les Compagnons du Devoir des autres états sont tombés sur eux.

BOUCLES D'OREILLES.

Les charpentiers Drilles portent suspendus à l'une de leurs boucles d'oreille une équerre et un compas, à l'autre la besaiguë; les maréchaux portent un fer à cheval, les couvreurs un martelet et une aissette, les boulangers la raclette. Chacun de ces états croit avoir seul le droit d'embellir ainsi ses boucles d'oreilles. Les accessoires des boucles d'oreilles ont engendré des batailles.

CONDUITE EN RÈGLE.

Quand un Compagnon aimé part d'une ville, on lui fait la *conduite en règle*, c'est-à-dire

16.

que tous les membres de sa Société l'accompagnent avec un certain ordre. Le partant et le Rouleur, portant sur son épaule la canne et le paquet de celui qui s'en va, marchent en tête. Tous les autres Compagnons, armés de cannes, parés de couleurs, chargés de verres et de bouteilles pleines de vin, suivent sur deux rangs, et forment une longue colonne.

Un des Compagnons entonne une chanson de départ ; tous les autres, d'une voix forte, répètent le refrain. La conduite s'en va ainsi en chantant au loin de la ville. Là, on s'arrête, on fait une cérémonie qui n'est pas la même pour toutes les Sociétés. On *hurle* ou on ne *hurle* pas, mais dans tous les cas on boit, puis l'on s'embrasse et l'on se quitte ; le partant s'éloigne, la conduite revient en ville.

FAUSSE CONDUITE.

Il arrive, quand il se fait une conduite en règle, que des Compagnons ennemis des premiers font une *fausse conduite* ; ils improvisent un faux partant ; ils se rangent en colonne, et vont au-devant de la conduite qui revient ; ils se rencontrent, ils se topent, ils se livrent bataille, et le sang coule toujours abondamment ; il y a toujours des blessés et quelquefois des morts. A Nantes, un père de famille, s'étant joint à une de ces fausses conduites, se fit tuer.

CONDUITE DE GRENOBLE.

Cette conduite se fait, dans une Société, à un de ses membres qui a volé ou escroqué ; c'est le châtiment qu'on lui inflige dans une chambre ou dans les champs. Celui qui a reçu la *conduite de Grenoble* est flétri moralement ; il ne peut plus se présenter devant la Société qui l'a chassé comme indigne d'elle. Quand on a vu faire cette conduite, on n'est pas tenté de la mériter ; elle n'attaque pas le physique brutalement, mais rien n'est si humiliant : il y a de quoi mourir de honte !

J'ai vu, au milieu d'une grande salle peuplée de Compagnons, un des leurs à genoux ; tous les autres Compagnons buvaient du vin à l'exécration des voleurs et des scélérats ; celui-là buvait de l'eau ; et quand son estomac n'en pouvait plus recevoir, on la lui jetait sur le visage. Puis on brisa le verre dans lequel il avait bu, on brûla ses couleurs à ses yeux ; le Rouleur le fit relever, le prit par la main et le promena autour de la salle ; chaque membre de la Société lui donna un léger soufflet ; enfin la porte fut ouverte, il fut renvoyé, et quand il sortit, il y eut un pied qui le toucha au derrière. Cet homme avait volé.

A Avignon, un individu, après avoir subi la conduite de Grenoble, porta plainte à l'autorité, qui prit des informations minutieuses sur les causes d'un tel traitement. Le plaignant devant la justice fut convaincu de vol, et condamné à un an de prison : mieux eût valu pour lui ne point porter plainte, et ne point provoquer une seconde punition.

FÊTES PATRONALES.

Les tailleurs de pierre fêtent l'Assomption, les charpentiers saint Joseph, les menuisiers sainte Anne, les serruriers saint Pierre, les maréchaux saint Eloi d'été, les forgerons saint Eloi d'hiver, les cordonniers saint Crépin. D'autres corps d'états fêtent d'autres patrons.

Le matin du jour de la fête, les Compagnons vont à la messe ; de retour chez la mère, dans quelques Sociétés, on élit le nouveau chef, puis après il y a le festin de corps. Dans la plupart des Sociétés de Compagnons du Devoir, les Compagnons et les Aspirants ne sont ni aux mêmes tables ni dans la même pièce ; il y a le bal des Compagnons et le bal des Aspirants ; ils s'invitent quelquefois réciproquement. Dans les Sociétés des Compagnons du Devoir de Liberté, Compagnons et Affiliés sont aux mêmes tables, et mêlés autant que possible. Chez les Compagnons Etrangers, même mélange.

Enfin, dans tous les cas, la gaieté règne dans ces fêtes de Compagnons ; on boit, on chante, les imaginations s'exaltent, chacun est vraiment heureux et se croit transporté dans un paradis. Le lendemain ils donnent un bal où ils font danser les maîtres et les maîtresses qui les occupent.

CHANSONS DE COMPAGNONS.

Les chansons de Compagnons sont une des principales causes de désordre dans le Compagnonage ; ce sont elles qui provoquent la plupart des batailles qui se livrent ; chaque Société a ses chansons ; j'en donnerai de plusieurs sortes, afin que l'on puisse les juger.

CHANSON SATIRIQUE DES DÉVORANTS.

Chers Compagnons honnêtes,
Le printemps vient de naître ;
Le Rouleur nous a dit
Qu'il nous fallait partir.
J'entends le bruit des cannes,
Le Rouleur marche à grands pas ;
La conduite générale
Ne l'entendez-vous pas ? (*bis*.)

Que la terre est charmante !
L'on rit, l'on boit, l'on chante ;
Que les arbres sont beaux,
Portant des fruits nouveaux !
Les rivières sont calmes,

Les prairies sont tout vert ;
Il y a bien de la différence
Du printemps à l'hiver. (*bis.*)

Que diront ces fillettes
Là-haut dans leurs chambrettes,
Qui pleurent leurs amants,
Qui s'en vont battre aux champs,
Descendant sur le Rhône,
Sur ce coulant ruisseau,
S'en vont droit à Marseille
Enchaîner les Gavots ? (*bis.*)

Gavot abominable,
Mille fois détestable,
Pour toi quelle pitié
De te voir enchaîné !
Il vaudrait mieux te rendre
Chez notre mère à Lyon ;
Là on saurait t'apprendre
Le devoir d'un Compagnon. (*bis.*)

Chers Compagnons honnêtes,
Votre loi est parfaite :
Vous irez dans les cieux
Comme des bienheureux ;
Et les Gavots infâmes
Iront dans les enfers
Brûler dedans les flammes
Comme des Lucifers. (*bis.*)

On dit que je suis fière,
Je ne dis pas le contraire ;

Je n'ai que trois amants,
Je les rends tous contents.
Au Gavot la grimace,
A l'Aspirant les yeux doux,
Au Dévorant je déclare
Qu'il sera mon époux. (*bis.*)

CHANSON SATIRIQUE DES GAVOTS.

Age d'or, règne d'Astrée,
Oh! souvenir fortuné,
Où naquit la renommée
Du Devoir de Liberté.
De sa fondation divine
Chacun connaît le pouvoir;
Je vais chanter l'origine
Des Compagnons du Devoir. (*bis.*)

Lorsque l'aveugle Fortune
S'empara de l'univers,
Qu'une expression plus commune
Fit nommer l'âge de fer,
Maître Jacques sur la terre,
Sans argent ni sans savoir,
Pour vivre ne sachant que faire,
Fonda un nouveau Devoir. (*bis.*)

Associé au vieux Soubise,
Ces fondateurs ambulants

Pour vendre leur marchandise
Partirent pour Orléans;
N'ayant aucune ressource
Pour vivre dans leur chemin,
Se firent coupeurs de bourse,
Crainte de mourir de faim. (*bis.*)

Nos deux faiseurs de grimaces,
Sitôt dans cette cité,
Exposèrent sur les places
Leur mystère et leur secret.
Depuis ce temps-là fourmille
Dans la ville d'Orléans
Quantité des imbéciles
Que l'on nomme Dévorants. (*bis.*)

Ils crurent, dans leur démence,
Paraître moins odieux
En publiant dans la France
Le très-saint Devoir de Dieu.
Comment pouviez-vous, profanes,
Méconnaître votre erreur,
En faisant un dieu des ânes
Du souverain créateur ? (*bis.*)

Ils firent, sur leurs maximes,
Quelques burlesques chansons,
Et furent chercher des rimes
A cent lieues de la raison;
Depuis ce temps, chez leur mère,
Dans leurs boutiques et chantiers,

Chaque jour l'on entend braire
Des ânes de tous métiers. (*bis.*)

Sans la foi, la confiance,
Peut-on avoir du crédit?
Peut-on avoir d'éloquence,
Lorsque l'on n'a pas d'esprit?
Sans lois, sans mœurs, sans usage,
Peut-on être Compagnon,
Être vertueux et sage,
Sans être de Salomon? (*bis.*)

Vous, qu'une ardeur belliqueuse
Enflamme pour Salomon,
Suivez les traces heureuses
De nos dignes Compagnons.
Aux arts, ainsi qu'aux sciences,
Consacrez tous vos loisirs ;
Le temps et l'expérience
Accompliront vos désirs. (*bis.*)

Que chacun vide son verre
A la santé de l'auteur,
Et qu'une amitié sincère
Se grave dans tous les cœurs.
Aux doux accents de sa lyre
Ajoutez avec transport
Que l'auteur de la satire
C'est Marseillais Bon-Accord. (*bis.*)

CHANSON DE GUERRE DES DÉVORANTS.

Chers Compagnons honnêtes, il faut nous rassembler:
C'est pour chasser ces bêtes qui sont dans Montpellier.
Commençons de suite par tous ces Gavots,
Car ils sont sans doute de vrais animaux. (*bis.*)

La chasse étant faite, tous nos Compagnons
S'en vont chez la mère vider le flacon.
Apportez du vin rouge, aussi de la liqueur,
C'est pour faire boire nos Compagnons vainqueurs. (*b.*)

Soit dedans Marseille ou dedans Montpellier,
Tous ces Gavots infâmes ne peuvent travailler,
S'en vont dans les broussailles, dans les petits endroits,
Se cacher sans doute dans les bouts de bois. (*bis.*)

Dans leurs synagogues avec leurs attendants,
Ils jurent sans cesse contre nous, Dévorants.
Mais ils sont tous des bêtes qui ne connaissent pas;
Nous connaissons l'équerre, le crayon, le compas. (*bis.*)

S'il en reste encore qu'on ne connaisse pas,
Peut-être par la suite on les reconnaîtra;
Mais ils pourront bien dire: Adieu, Nîmes, Montpellier
Il nous faut partir de suite pour aller à Beziers. (*bis.*)

CHANSON DE GUERRE DES GAVOTS.

Pays, sur le champ de conduite,
Malgré des guet-apens marchons,
Honorons d'une grande suite

De vrais et dignes compagnons. (*bis.*)
Ils quittent la ville d'Auxerre,
Ils vont dans la grande cité;
Chers Compagnons de Liberté,
Formons une marche guerrière,
Du grand roi Salomon intrépides enfants,
Faisons, faisons un noble effort,
Nous serons triomphants.

Oui, le danger nous environne,
Serrons nos rangs, mes chers pays,
Auprès des rives de l'Yonne,
Voyez nos cruels ennemis : (*bis.*)
Ils sont en nombre, ils sont en armes,
Marchent sur nous pleins de fureur;
Les satellites de l'erreur
Pourraient-ils nous causer d'alarmes?
Du grand, etc.

Non loin de la ville de Nantes,
Sur la route qui mène à Tours,
Plusieurs cliques impertinentes
Voulaient mettre un terme à nos jours. (*b.*)
Dans cette crise meurtrière,
Songez-y bien, chers Compagnons,
Un grand nombre de forgerons
Rougit de son sang la poussière.
Du grand, etc.

Des charpentiers, dans leur colère,
Voulant de Blois nous expulser,

Entrent un jour chez notre mère,
Osent enfin la terrasser. (*bis.*)
Et quoi! terrasser une femme!....
Oh! nos frères sont courroucés,
Et tombe sous leurs coups pressés
De Soubise une bande infâme.
Du grand, etc.

Nos frères, aux bords de la Loire,
Furent bien braves et bien grands
En arrachant mainte victoire
A des rivaux trop arrogants. (*bis.*)
Chers compagnons, à leur exemple,
Frappons! que nos bras réunis
Ecrasent tous nos ennemis :
Des cieux Salomon nous contemple.
Du grand, etc.

Élançons-nous, pleins d'assurance,
Exerçons nos bras vigoureux :
Ils ont lassé notre prudence,
Eh bien! nous voici devant eux. (*bis.*)
Enfants d'un roi brillant de gloire,
C'est aujourd'hui que, sans pâlir,
Il faut savoir vaincre ou mourir.
La mort! la mort! ou la victoire!
Du grand roi Salomon, intrépides enfants,
Faisons, faisons un noble effort,
　　Nous serons triomphants!

CHANSON PACIFIQUE DES DÉVORANTS.

Sur le Devoir chacun raisonne,
Mais sans pouvoir le définir;
S'il se trouvait quelque personne
Qui tâcherait d'y parvenir,
Il faut qu'il montre son ouvrage,
Qu'il plaise à tous nos Compagnons,
Et plus qu'il mène une conduite sage;
Avec honneur il portera son nom.

Sans ces qualités, je vous le jure,
Vous ne réussirez en rien;
Oui, sans cela, je vous l'assure,
Aucun mortel n'y parvient.
Il faut donc suivre les manières
De nos Compagnons sur les champs;
Pour découvrir ce grand mystère,
Il faut jurer d'être toujours constant.

Sur les lois du compagnonage
Nous sacrifions sur les champs
La plus belle fleur de notre âge;
Oui, tout se passe en voyageant.
Nous sommes tous amis et frères;
Toujours les mêmes sentiments:
Jusqu'à la fin de notre carrière,
Nous soutiendrons ce beau serment.

17.

Quand maître Jacques nous commande,
Promptement nous lui obéissons ;
Mais, sans aucune réprimande,
Jamais nous ne le contredisons.
Son autorité est si grande
Sur tous les cœurs des Compagnons,
Qu'il n'en est aucun qui ne tremble
Lorsqu'il entend prononcer son nom.

Maître Jacques nous estime,
Nous dit : Courage, mes enfants !
L'on a vu fléchir des empires,
Renverser des gouvernements ;
Notre devoir est admirable
Par ses vertus, par sa grandeur,
Mais il sera impérissable,
Puisque j'en suis le protecteur.

Dans ce saint jour, pleins d'allégresse,
Portant nos brillantes couleurs,
Nous assistons tous à la messe,
Tout en y invoquant le Seigneur.
Les règles de ce grand mystère,
Jusqu'à la fin du monde entier ;
Nous finirons notre carrière
En laissant de bons héritiers.

Bacchus, l'amour et la folie
Ont pour l'auteur quelques attraits,
Et la belle union qui nous lie
Chez nous forme un bonheur parfait.

Je vais vous le faire connaître :
Va-sans-Crainte, voilà son nom ;
Oui, c'est Bordeaux qui l'a vu naître,
Vitrier est sa profession.

CHANSON PACIFIQUE DES GAVOTS.

A peine avais-je atteint l'âge de quinze ans,
Que je fis choix d'une maîtresse ;
Nous n'étions encore que des enfants,
Que nous nous prodiguions nos tendresses ;
Mais les serments que je fis en ce jour
N'étaient encor que des serments d'amour. (*bis*)

Quand on voulut me faire apprendre un métier,
De choisir j'eus la préférence :
Je choisis celui de menuisier,
Dans l'intention de faire mon tour de France ;
Mais les serments que je fis en ce jour
N'étaient encor que des serments d'amour.

Quand mon apprentissage fut achevé,
Je fis choix d'un Compagnonage :
Ce fut celui du Devoir de Liberté,
Fondé par Salomon le Sage ;
Mais les serments que je fis en ce jour
N'étaient encor que des serments d'amour.

Quand on me mit au rang des Compagnons,
Oh ! pour moi quel jour de gloire

D'être enfant du grand roi Salomon,
Et d'être enfin l'ami de la victoire;
Mais les serments que je fis en ce jour
Ce n'étaient plus comme des serments d'amour.

Le lendemain de ma réception,
Je partis toujours avec courage
Pour Toulouse, ville de réunion
Des Compagnons de Salomon le Sage;
Mais les serments que je fis en ce jour
Etaient encor comme des serments d'amour.

Dedans Toulouse étant tous réunis,
Je ne tardai pas à faire la demande
D'être au rang des Compagnons finis,
Et je le fus, oh! quelle jouissance;
Mais les serments que je fis en ce jour
Ce n'étaient plus comme des serments d'amour.

Qui est l'auteur de ces simples couplets,
Mes chers pays, ce n'est pas un poëte;
C'est un Compagnon menuisier
Qui les chanta le jour de notre fête.
Bordelais La Prudence est son nom;
Buvons un coup à la fin de sa chanson. (*bis.*)

CHANSON DE DÉVORANTS.

L'alouette a chanté l'aurore,
Et mon amant va battre aux champs;

Oubliera-t-il ses serments ?
Faut-il, hélas ! que je l'ignore ?
Hier encore il m'accorda
Son amour et sa constance ;
Mais bientôt sur le tour de France
Il m'oubliera, il m'oubliera.

Printemps, saison enchanteresse,
Qui me ternis tant de beaux jours,
Quand voudras-tu finir ton cours ?
Plongeant dans mon cœur la tristesse.
Oui, tes attraits sont séduisants ;
Mais ton retour me fait verser des larmes,
Et pour moi tu n'as plus de charmes,
Cruel printemps, cruel printemps.

Déjà le bruit se fait entendre,
De ton départ l'heure a sonné ;
Le signal en est donné
Faut-il sur toi encore prétendre ?
Désormais je pleure en vain.
Hélas, pour moi quelle douleur mortelle !
Sur les champs ton devoir t'appelle :
Il faut partir, il faut partir.

Ainsi chantait la jeune Adèle,
En se livrant à la douleur :
Celui qui avait son cœur
S'éloignait d'elle ;
Mais le destin combla leurs vœux
Et relia leur espérance ;
Il fit oublier leur absence :
Ils sont heureux, ils sont heureux.

Un menuisier dâns sa constance,
Ainsi chantait ces faibles couplets ;
Si vous ne les trouvez bien faits,
Accordez-lui votre indulgence.
Jacques Le Chambéry est son nom,
Et, sur l'aimable tour de France,
Il se dira en assurance
Vrai compagnon, vrai Compagnon.

———

Je termine ici cette notice sur le Compagnonage : mon seul désir était de faire connaître son origine commune, ses branches diverses, les Sociétés qui en sont nées, l'organisation, les systèmes de ces Sociétés, et quelques particularités qui ne touchent point aux mystères. J'ai exposé le bien et le mal avec impartialité, en m'abstenant toujours de juger. J'ai usé de ménagement autant que je l'ai pu. Je présume que cette notice fera plaisir à beaucoup de personnes et en blessera peu. D'ailleurs, s'il en était autrement, elle ne répondrait pas à mon intention.

LA RENCONTRE

DE

DEUX FRÈRES.

————◆————

Un jour, après une marche longue et forcée, je me reposais sous un arbre peu distant de la grand'route. Là, promenant ma vue sur le chemin que j'avais parcouru, je vis venir un Compagnon ; ici, tournant du côté par où je devais continuer mon voyage, j'en vis venir un second. Ils se faisaient face, marchaient tous deux la tête haute en se fixant avec des yeux où je lus tout d'abord leur bizarre intention. Enfin, n'étant plus séparés que par un court espace, l'un s'arrête brusquement, fait couler à terre le paquet qu'il portait au bout de sa canne, prend une pose martiale, et profère ces cris redoutables : — Tope pays ! quelle vocation ? — L'autre, ayant également pris une attitude fière, répond : — Compagnon cordonnier, et vous, le pays ? — Le pays répond à son tour qu'il est Compagnon maréchal dans l'âme et dans les bras, tout prêt à le faire voir. Aussitôt ils s'avancent, ils se trouvent face à face ; un colloque injurieux s'engage ; le maréchal dit à son émule : — Passe au large, sale puant ! — Le cordonnier lui répond : —Passe au large toi-même, ô noir gamin ! — Et là, dressés l'un devant l'autre, ils se lancent des regards foudroyants ; leur bouche vomit les imprécations les plus atroces, les injures les plus dégoûtantes. Ayant épuisé tous les traits que leurs langues pouvaient décocher, ils en viennent aux mains ; armés chacun d'une longue et solide canne, ils font quelques évolutions, quelques rapides moulinets, puis, s'élançant avec impétuosité, se portent réciproquement de rudes coups ; le sang jaillit des deux côtés, et le combat ne se modère point. Mais, après avoir longtemps combattu avec un acharnement difficile à décrire, le maréchal, exténué de fatigue, meurtri, saignant chancelle, tombe et s'allonge sur la poussière épaisse du chemin. Le cordonnier impitoyable ne retient point sa fureur ; il frappe encore ; il déchire son adversaire renversé…il le déchire ! Mais quelle ne fut pas sa surprise ! quel ne fut pas son abattement ! quel changement subit ne s'opéra-t-il pas dans tout son être, lorsqu'il aperçut sur les bras nus, sur la poitrine découverte de son ennemi vaincu, des signes distincts, des marques non équivoques qui le frappent, qui lui font promptement reconnaître dans celui qui gît sur la poussière, Laurent... Laurent, son frère bien-aimé. — O mon frère! s'écria-t il, je suis François, ton frère et ton ami! Oh! pardonne. Et, se précipitant sur lui, il le prend, le relève, le serre dans ses bras... Ils s'embrassent tous deux... ils pleurent; mais dans ce moment la douleur est assoupie, et leurs pleurs sont doux, et leurs larmes sont des larmes de bonheur et de joie. Dès lors, moi, témoin de cette scène détestable, puis touchante, j'approche * en disant : —Mes amis, permettez à un ouvrier menuisier, à un Compagnon de Liberté, de mêler ses larmes aux vôtres ; et ils m'accueillirent favorablement. J'ajoutai : Mettons toute prévention de côté; car nous sommes également des hommes, et au lieu de nous haïr et de nous faire du mal, aimons-nous et soulageons-nous mutuellement.

Dans ce moment François, qui n'avait cessé de soutenir son frère dans ses bras, le soulève, le porte sur le bord de la route, et le pose sur un tapis de gazon. Après avoir reçu quelques soins, après avoir goûté quelques instants de repos, Laurent sentit ses forces renaître; il se releva; nous le prîmes chacun sous

* On pourrait m'accuser de froideur pour ne m'être pas approché plus tôt : mais ceux qui connaissent le Compagnonage savent bien que je ne pouvais tenter de les séparer sans attirer sur moi les coups de l'un et de l'autr

un bras, et marchant tous trois côte à côte,
nous nous dirigeâmes, à petits pas, vers la ville
la plus prochaine. Après avoir marché pendant
une heure, nous y arrivâmes heureusement.
Nous entrâmes dans la première auberge, laquelle était remplie d'un grand nombre de
Compagnons de divers états et de divers devoirs qui s'y étaient réunis pour discuter des
intérêts qui leur étaient communs. Quelque
bruit de ce qui venait de se passer ayant déjà
transpiré jusque-là, ils témoignèrent le désir
de nous avoir parmi eux, et nous passâmes à
leur table sans difficulté. Quand nous eûmes,
par quelques aliments, réparé nos forces, un
des Compagnons pria les deux frères de faire
le récit de leur rencontre extraordinaire ; ce
que, malgré leur bonne volonté, ni l'un ni l'autre ne purent accomplir, tant ils étaient émus.
Dès lors plusieurs Compagnons tournèrent
leurs regards sur moi et semblaient me demander de satisfaire leur désir. Je pris donc la
parole, je leur racontai l'aventure dont je ve-
nais d'être le témoin, et mon récit les toucha
profondément. Leurs cœurs étaient attendris,
leurs bouches étaient muettes, nul bruit ne
troublait le silence. Inspiré par une si heureuse
disposition, je cède à l'entraînement de mes
pensées : « Eh bien ! mes amis, leur dis-je, une
telle rencontre n'est-elle pas de nature à nous
éclairer, à jeter dans nos âmes des sentiments plus
nobles et plus élevés, à nous faire comprendre

enfin combien il est barbare et ridicule de regarder comme ennemi quiconque n'appartient point à notre Société ? Vous savez à combien de maux nous expose cette fièvre d'intolérance. Permettez - moi, à ce sujet, de rapporter un fait qui m'est personnel.

« Je partais d'un pays, je faisais un voyage à pied ; je rencontre sur la route, dans un lieu presque sauvage, un ouvrier à peu près de mon âge. Je ne l'avais jamais vu, je n'avais pas plus entendu parler de sa personne que lui de la mienne ; nous ne nous connaissions d'aucune manière, mais par quelques mots d'un vieil usage, il provoque de moi une courte explication. Il en résulte que nous ne sommes pas du même Compagnonage. Nous sommes donc ennemis ? Il faut donc se battre ? En un mot, je suis attaqué, je dois me défendre, et je me sers de ma force et de mon adresse, des armes que la nature m'a données, et de celles que le hasard fait tomber dans mes mains (car lui en était pourvu.) Ainsi deux jeunes gens qui se rencontrent dans un chemin solitaire, au lieu de s'aborder amicalement en s'offrant de mutuels services, s'abordent en forcenés, se font tout le mal qu'ils peuvent se faire, et se déchirent comme des tigres en furie ! Et remarquez-le : on ne se bat pas toujours un contre un. Souvent plusieurs hommes tombent sur un faible individu. Ils l'écrasent, le dépouillent, et courent se vanter à leurs camarades d'avoir fait une grande prouesse. On voit des combats partiels ; on voit aussi deux Sociétés rivales se donner rendez-vous et se livrer dans les champs une bataille sanglante. Eh ! quel motif a pu provoquer un tel désordre ? C'est ce qu'on ne peut expliquer. Mais le résultat de cette grande mêlée sera-t-il favorable à quelqu'un ? Point du tout, on se bat pour se battre, et par toute sorte de moyens ; on se sert du poing, du bâton, des instruments pointus et tranchants ; on se blesse, on se tue ; la force armée accourt ; les combattants se séparent, se dispersent et fuient. Mais il en reste toujours entre les mains de l'autorité ; partant de là les empoignés sont mis en prison, les blessés à l'hôpital, les morts au cimetière. Ainsi finit cette journée, ainsi se vide le champ de bataille ; et ceux qui se sont sauvés par la fuite, en supposant même qu'ils ne seront point poursuivis, ne sont pas sans punition, parce que tous les membres qui restent libres ont des frais énormes à supporter, soit pour le soin des malades, soit pour l'entretien des prisonniers, soit pour soutenir le procès qui survient ensuite entre les deux Sociétés, et où les vainqueurs et les vaincus sont également petits.

« Vous le voyez, les résultats ordinaires, les conséquences inévitables de ces fatales collisions sont pour nous la ruine, la déconsidération, la mort. Nul n'y gagne ; tout le monde y perd. De là nos sentiments s'aigrissent, notre esprit s'obscurcit, notre âme se dégrade ; dans nos pensées plus rien de grand, de généreux ; dans notre entendement tout devient trouble et confusion. Aussi tout travail d'application nous devient impossible jusqu'à ce que le temps, la paix et la raison nous aient ramenés à notre état naturel. Alors, alors seulement nous pouvons nous livrer de nouveau à cette étude paisible des arts et des sciences ; étude qui a tant d'attraits, tant de charmes pour nous, et que de tels malheurs ne devraient jamais interrompre. Je conviens cependant que depuis quelques années ces désordres sont moins fréquents, que les hommes en général commencent à penser sérieusement, que le fanatisme trouve partout des adversaires qui le combattent et le détruiront, que des voix généreuses appellent de toutes parts le peuple à la lumière et à l'émancipation. Eh bien ! je joindrai ma faible voix à ces voix puissantes, et je vous dirai : O mes camarades, nous vivons dans un siècle avancé, sachons le comprendre ; nous sommes pauvres, nous sommes ouvriers, mais nous sommes hommes ! Pénétrons-nous de cette grande idée, et relevons notre moral et notre condition. Considérez que nous ne sommes pas d'une substance moins délicate, moins pure que les riches ; que notre esprit, que notre sang, que notre conformation n'ont rien de différent de ce qu'on voit en eux ; que le progrès étant dans les lois de la nature, nous devons nous

18.

dépouiller de nos erreurs et de nos vices. Oui,
sortons des ténèbres qui nous environnent,
développons notre intelligence, acquérons des
talents, des vertus; travaillons à nous éclairer,
à nous rendre bons, et répandons sur nos camarades les connaissances, les vérités que nous
aurons acquises; invoquons la justice, l'amour,
la fraternité. Nous sommes enfants d'un père
commun, nous devons vivre tous en frères. La
liberté, l'égalité doivent se combiner et régner
de concert dans la grande famille humaine.

« Renonçons donc, chers compagnons, à toutes ces rivalités mesquines qui nous abaissent,
nous avilissent et nous font un mal réci-
proque. Vous en êtes témoins, deux frères se
sont meurtris de coups ; tirons de cet événe-
ment un enseignement profitable. Je compte
sur vous, ô mes amis. J'ai vu vos yeux trempés de douces larmes, je vois que votre âme
s'élève, qu'une voix intérieure vous touche et
vous persuade de la noble mission que nous
devons remplir. Oui, répandons dans l'esprit de
nos frères les idées neuves dont nous sommes
pénétrés, et qu'à leur tour ils puissent faire
entendre ces mots sacrés : union, concorde,
justice, amour, fraternité. Alors une grande
régénération sera faite ; alors les Compagnons,
groupés plus intimement, ne craindront ni la
misère ni l'oppression, et le Compagnonage
sera un vaste foyer de lumière et de fraternité. »

A peine avais-je cessé de parler, que tous dirent ensemble : Oui, nous voulons la justice et la fraternité! oui, une voix intérieure nous persuade de la noble mission que nous devons entreprendre et que nous remplirons avec persévérance ! Et l'enthousiasme fut au comble, le contentement, le plaisir, la joie étaient peints sur tous les visages, et chacun jouissait en soi d'un bonheur inexprimable.

Ainsi se termina la journée, on fixa une réunion au lendemain, on se retira ; les deux frères et moi restés dans l'auberge, nous fûmes nous mettre au lit, nous passâmes une nuit heureuse. Le matin, nous nous rendîmes à l'assemblée que nous trouvâmes plus nombreuse que nous n'aurions pu le penser. Tous les Compagnons de la ville y étaient accourus, et, à notre grande satisfaction, chacun y pensait comme il avait pensé la veille. L'isolement, la réflexion n'avaient rien changé, n'avaient rien refroidi ; au contraire, de bonnes idées s'étaient développées. Les Compagnons se formèrent en cercle, le plus ancien d'âge fut fait président. Un tailleur de pierre, compagnon étranger, nommé La Fleur de Lavaur, prit la parole en ces termes :

« Mes pays et coteries, le discours prononcé hier, et qui a produit en nous une impression si profonde, est plein de vérités, et sa tendance me plaît infiniment ; mais le but de celui qui l'a prononcé n'étant pas de faire spécialement notre éloge, on y rencontre certains passages qui révèlent des faits qui ne sont pas à notre avantage. Des ouvriers qui ne savent point apprécier les bienfaits de l'association en concluront contre nous, et déclameront à outrance contre le principe qui nous unit. Je veux d'avance, et à l'instant même, répondre à toutes leurs déclamations par le parallèle que j'établis et que je leur adresse. Quand vous arrivez dans une ville, vous pouvez vous trouver sans argent, sans connaissances, et par conséquent sans pain, sans gîte, sans crédit ; et si vous ne trouvez promptement de l'ouvrage, que devenir ? Quand nous arrivons dans une ville, sommes-nous sans argent, qu'importe ; nous allons chez la mère, nous y trouvons des amis, des frères nouveaux qui nous procurent le travail, la nourriture, le logement, qui nous font connaître les mœurs, les usages, les beautés de la ville, et nous sommes sans inquiétude.

« Si vous avez le malheur de perdre la santé, la maladie, l'isolement, l'ennui, la misère vous assiégent de concert ; nul appui, nulle consolation.

« Si nous avons le malheur de tomber dans un tel état, nous recevons journellement les visites de nos frères, qui nous apportent des secours, et les encouragements qui font tant de bien !

« Si dans un atelier le maître veut vous faire

un passe-droit, livrés à votre faiblesse, vous êtes contraints de le subir.

« Nous, dans le même cas, le premier Compagnon, fort des pouvoirs que la Société lui confère, se rend auprès du maître, plaide notre cause et la fait triompher.

« Si des maîtres, en se coalisant, conspirent contre les salaires des ouvriers, vous ne pouvez point, ô vous, hommes isolés, détourner le mal qui vous menace ; mais les Compagnons, faisant dès lors trêve à toute rivalité, se concentrent, se forment en faisceaux, et forts par leur union, conjurent l'orage qui grondait sur leur tête, et qui allait infailliblement tomber sur vous comme sur eux.

« Si vous êtes l'objet d'une attaque injuste, vigoureuse, qui viendra à votre secours ? Vous êtes indifférents pour tous, tous sont indifférents pour vous. Qu'un de nous soit l'objet d'une agression dangereuse, formidable, la Société l'a su, elle accourt en tumulte ; on a frappé un frère, le coup a retenti, tous les frères accourent, ils vont le délivrer ou partager son sort.

« Vous, jeunes encore, sans expérience, sans guides, vous courez grand risque de vous égarer. Nous, sous l'œil attentif de nos chefs, qui sont habituellement les plus instruits, les plus laborieux, les plus respectables de la Société, nous ne pouvons dévier de notre droit chemin. Nous recevons de sages conseils qui nous

font aimer le travail, l'ordre, la vertu. Celui
qui s'écarte quelque peu de ses devoirs est en
particulier ou en pleine assemblée réprimandé
fortement; celui qui commet une action basse
reçoit une punition proportionnée à son délit;
celui qui pèche gravement contre la probité est flétri moralement, et chassé sans retour de la Société. Sévérité exemplaire, qui
fait ouvrir les yeux à ceux qui seraient quelquefois tentés de mal faire.

« Je conclus que celui qui voyage seul, sans
liaison avec d'autres ouvriers, résiste mal aux
coups de la misère et de l'oppression; que rien
ne l'encourage et lui facilite les moyens de
s'instruire; qu'il néglige souvent les choses les
plus essentielles; qu'ainsi isolé et rapportant
tout à son individualité, il devient froid et
égoïste, bien heureux quand d'autres vices ne
viennent pas se joindre à ceux-là.

« Celui qui voyage attaché à une Société, au
contraire, déteste l'égoïsme, l'arbitraire, et
sait leur résister ; il a le sentiment de l'égalité,
de la fraternité, et son dévouement est sans
bornes. Non, il n'agit pas pour lui exclusive-
ment, mais pour tous ses frères. Il ne demande pas si le bien produit par son action
sera immédiat ; il pense également à ceux qui
viendront après lui, et ne veut leur laisser que
de bons précédents. Prenez-le au sein du repos et de ses affections, dites-lui qu'un danger
pressant menace un de ses frères, il volera rapi-

dement au lieu qu'on lui désigne, et exposera sa propre vie pour sauver celle qui est en péril.

« Je borne ici ce parallèle, qui prouve beaucoup en faveur des Compagnons ; mais gardez-vous de me prendre pour un lâche flatteur. Si je sais en eux applaudir le bon, je sais aussi combattre le mauvais, et je leur dirai avec la même franchise : Vous repoussez l'égoïsme individuel ; repoussez avec la même force l'égoïsme de corps. Vous ne voulez pas qu'on exerce sur vous l'arbitraire et l'oppression ; gardez-vous d'user de ces moyens détestables sur ceux qui, comme vous, ont droit à la liberté et à l'indépendance.

« Vous nourrissez entre vous, membres de la même Société, le sentiment de l'égalité, de la fraternité ; que ce sentiment soit étendu. Regardez également comme frères tous les ouvriers, tous les Français, tous les hommes qui ne sont point indignes d'en porter le nom.

« Votre dévouement est sans bornes pour le Compagnonage que vous avez embrassé ; qu'il soit sans bornes pour la patrie, pour la cause de l'humanité. Oui, vous avez des qualités bien grandes, qui ont besoin d'être éclairées ; car, aveugles et quelquefois mal dirigées, elles vous ont fait commettre, je ne dirai pas des crimes, mais des erreurs sanglantes. Donc, éclairez, épurez ces grandes qualités, et qu'elles soient toujours bien employées et ne nuisent jamais à personne. »

Le tailleur de pierre s'arrêta là; je dirai que ses dernières paroles furent prononcées avec tant de force, avec tant d'exaltation, qu'elles firent tressaillir l'assemblée et l'agitèrent longtemps; la parole passa ensuite à un menuisier, Compagnon du Devoir, nommé Paul le Nivernais. Il s'exprima de la sorte:

« Mes pays, comme La Fleur, je fréquente, j'aime les associations. Comme lui je voudrais, si cela était possible, les rendre moins égoïstes, moins intolérantes; comme lui, enfin, je vois que, lorsque la civilisation fait de toutes parts de profonds, de vastes progrès, le Compagnonage que nous servons avec tant de zèle, ne peut plus rester seul en arrière. Eh! le pourrait-il sans compromettre son existence? Non. Mes chers amis, puisqu'il en est ainsi, avançons à pas mesurés, et secouons sur notre route les vieilles coutumes, les sottes préventions, et ce fanatisme féroce qui trop souvent pousse l'ouvrier contre l'ouvrier.

« Sont-ils nos ennemis tous ces hommes courageux travaillant et suant comme nous? Non. Le tailleur de pierre, le charpentier, le menuisier, le serrurier, le forgeron, le tisserand, le cordonnier, le boulanger, ceux qui construisent, qui meublent, qui décorent nos habitations, ceux qui tissent, ceux qui confectionnent nos vêtements, ceux qui nous procurent ou qui nous préparent les aliments qui soutiennent et conservent notre existence, tous agissent, tous produisent et sont d'une égale utilité au bien-être commun de la grande société. Eh! pourquoi, ô membres d'un même corps, et destinés à vivre les uns près des autres et à s'entr'aider continuellement, pourquoi nous faisons-nous depuis plusieurs siècles une cruelle guerre?»

Un membre interrompant :

« Parce que nous voyons des états qui ne sont pas si honorables que le nôtre, et que néanmoins ceux qui les professent ont l'orgueil et l'audace de se parer du beau nom de compagnon, ce que nous ne pouvons souffrir!»

Le Nivernais répond :

« Aucun état producteur ne peut déshonorer; au contraire, on y acquiert plus ou moins de réputation selon qu'on y est honnête et plus ou moins habile; ensuite je vous dirai que les ouvriers de n'importe quel état peuvent se former en société, et nous ne pouvons les troubler dans leur union sans nous rendre coupables aux yeux de la justice et de l'humanité. Quant au mot *compagnon*, dont quelques sociétés veulent se faire un titre exclusif, on sait qu'il est très-vieux et qu'il s'emploie en divers sens. On dit compagnon d'armes, compagnon de voyage ; pourquoi ne dirait-on pas compagnon maréchal, compagnon cordonnier? Quel est le meilleur des compagnonages? A mon avis c'est celui où l'on vit en bonne intelligence, toujours disposés, toujours prêts à

19

s'aider les uns les autres; qu'en dites-vous? »

Un membre avec chaleur :

« Une chose qui me choque, c'est de voir une société prendre pour attribut des instruments dont elle ne sait pas se servir. Non, elle ne peut se parer de ces magiques * instruments sans s'attirer la haine et la vengeance de toutes les autres sociétés. »

Le Nivernais :

« Je ne le vois pas comme cela. Si quelqu'un se pare par vanité d'un instrument au-dessus de sa portée, au lieu de se fâcher, il faut rire ; si nous voulions un jour, en place d'un équerre et d'un compas, prendre pour attribut un télescope ou un baromètre, croyez-vous que les astronomes, que les physiciens, s'ils y prenaient garde, en témoigneraient quelque mécontentement ? Non. Tout au contraire, ils riraient, et c'est tout ce qu'ils auraient de mieux à faire. On m'objecte encore qu'une société fait porter la couleur au chapeau une autre au cou, d'autres à une boutonnière du côté gauche; que le compagnon qui la porte à une boutonnière basse ne peut l'élever davantage sans s'exposer au ressentiment de celui qui la porte à une boutonnière haute; que ce dernier ne pourrait la porter plus haut sans violer les priviléges et sans s'attirer la colère et la vengeance de ceux qui les portent au cou et au chapeau.

* Il entend par là l'équerre et le compas.

«Doucement, doucement et écoutez un peu, je vous prie! Que répondriez-vous, par exemple, à un vieux marquis vêtu d'un bel habit, et qui viendrait vous dire à vous, homme de travail, à vous, homme du peuple et parfois aussi bien vêtu que lui: — Ouvrier, tu portes un habit aussi beau, aussi bien fait que le mien; et cela ne me plaît pas. Je ne veux pas que l'on me confonde avec toi: donc, quitte cet habit, je te l'ordonne! quitte-le, et prends-en un mauvais. — Je vous le demande, que répondriez-vous au vieux marquis qui vous aurait tenu un tel langage? qu'il est un vieux fou, n'est-ce pas? qu'il n'a aucun droit sur vous, et que comme, lui, vous êtes libre de vous mettre à votre goût et comme bon vous semble, et vous auriez raison. De même chaque société a le droit de porter la couleur où elle veut et comme bon lui semble. Donc cessons nos cruelles guerres, qu'aucune bonne raison ne peut justifier. Ne voulant point supporter les injustices, commençons par être justes; qu'il ne soit plus dit que les compagnons en France sont les seuls représentants d'un âge qui n'est plus. La prévention, la jalousie, un certain amour-propre mal entendu, nous ont trop longtemps divisés: que ce temps soit à jamais passé! Autrefois les hommes d'une religion différente s'entretuaient sans miséricorde; aujourd'hui on peut conserver chacun sa croyance et vivre en bonne intelligence; agissons de même, conservons chacun notre attachement à notre société, et de plus rapprochons-nous, cherchons à nous comprendre, et aidons-nous les uns les autres autant que nous le pourrons. L'esprit de notre époque n'est pas un esprit de ténèbres et de persécution; c'est un esprit de lumière et de raisonnement; il faut s'y conformer, il faut ne point rester en arrière ; autrement la jeunesse instruite et imbue de principes nouveaux ne viendrait plus à nous, et nos sociétés, quoique fortes en ce moment, périraient avant peu, faute de recrues qui seules les renouvellent et les perpétuent.

« Vous trouvez que le compagnonage protége les droits, les intérèts des ouvriers ; vous le regardez comme la dernière corporation populaire, et dont la conservation est un bien. Je pense comme vous, mais je vous le conseille, dépouillons-le de ce qu'il a de trop vieux, de trop usé, et qui choque la raison et les usages de notre temps. Conservons-lui ce qu'il a de bon, ajoutons-y encore pour le rendre plus parfait, et un jour nous nous applaudirons de notre œuvre à l'aspect du grand développement que nous lui verrons prendre, et au témoignage de l'estime publique que nous aurons su mériter. »

Le Nivernais fut applaudi ; plusieurs compagnons, qui jusque-là s'étaient regardés avec dédain, se rapprochèrent. Une grande fusion se fit dans l'assemblée. Dès que le silence fut rétabli, un serrurier compagnon du devoir de liberté, nommé Espagnol l'Union, se fit entendre : « Mes pays, mes frères, dit-il, je crois devoir élever la voix pour proclamer quelques vérités. Plusieurs discours ont été prononcés. On vous a montré les conséquences fâcheuses des luttes entre les divers compagnonages, on vous a fait sentir tous les avantages que vous pouvez retirer d'une association bien entendue, on a défendu la cause de la tolérance et de l'humanité ; je parlerai dans le même sens, car notre siècle ne voit qu'avec pitié nos rivalités incessantes, qu'avec horreur les luttes sanglantes dans lesquelles nous nous engageons trop souvent... Elevons nos pensées à d'autres considérations, quittons un moment le sujet qui nous occupe spécialement pour nous occuper de choses plus vastes et plus générales.. Regardons la nature ; elle est immense. Considérons le génie des hommes, rien ne l'arrête, il envahit tout ; il crée des villes nombreuses qu'il orne de monuments magnifiques ; il creuse des canaux profonds et sûrs qui sillonnent les Etats ; il ouvre de larges routes qu'il fait passer sur les fleuves et sous les montagnes ; d'une terre stérile il fait un jardin productif, embaumé ; disposant de la force et des vents et du feu, il glisse rapidement sur le vaste bassin des mers qu'il parcourt d'un bout du monde à l'autre ; il s'élève dans un autre élément à des hauteurs considérables, et porté par une barque légère suspendue à un globe transparent, il vogue à

19.

son gré dans la plaine des airs et parcourt des routes célestes ; il calcule, il connaît la marche régulière des astres. Les phénomènes de l'atmosphère ne lui sont pas inconnus : il prévoit les marées, les courants, les orages et les tempêtes; la foudre même est domptée par lui ! Il plane sur la terre, sur les mers, dans les cieux; il met tous les éléments à contribution ; il range tout sous sa loi; la nature entière est son domaine; et cependant ce génie si profond, si vaste, qui place les hommes si haut dans l'échelle des êtres et les fait rois de la création, n'a pu encore les rendre heureux. Le fort bat le faible, le grand foule aux pieds le petit, quelques-uns commandent avec humeur; tous les autres obéissent en murmurant. Le bonheur n'est nulle part, car le bonheur n'est pas une chose toute matérielle. Eh quoi ! en sera-t-il toujours ainsi? Ceux qui font tant de prodiges, ceux qui possèdent tant de sciences, ne posséderont-ils jamais la science de se rendre heureux ? Espérons en l'avenir. Dans ce moment le monde est en travail ; des idées nouvelles, mais nobles, mais généreuses, le parcourent; elles s'infiltrent de toutes parts. Ceux chez qui ont pénétré ces idées nouvelles ne disent pas : «Je suis de telle nation, et je déteste toutes les autres nations ; je suis de telle religion, c'est la seule bonne, la seule vraie, toutes les autres doivent être proscrites et anéanties ; je suis de telle couleur, et tous les individus qui n'ont pas cette couleur ne sont point des hommes ; je suis de telle classe du peuple, c'est la seule qui doive avoir des droits et des priviléges. » Non, les hommes chez qui ont pénétré les idées nouvelles ne parlent point ainsi. Ils n'excluent, ils ne proscrivent ni les nations en masse, ni la religion qui n'est pas la leur , ni la couleur chez les individus, ni les classes du peuple riches ou pauvres. Dieu a créé les nations diverses; il a inspiré les sentiments religieux pour que chacun l'adore à sa manière; il a voulu que tous les hommes fussent heureux, et cette volonté divine se comprend et se comprendra chaque jour davantage. Aussi voyez comme insensiblement l'esprit des nations se rapproche et se lie, comme les croyances se tolèrent réciproquement, comme les préventions de couleur et de race s'éteignent, comme les diverses classes du peuple se mêlent et se confondent à leur insu. Oui, des abus, des erreurs, des préjugés ont disparu, d'autres disparaîtront ; des réformes importantes ont été faites, il s'en fera de plus importantes encore. L'industrie, les arts, les sciences ont pris un grand essor, un grand développement; leurs produits variés se répandent dans la société; ils se répandront avec plus d'abondance, avec plus de profusion, et surtout avec plus d'équité. Il ne doit point y avoir de parias sur la terre ; il ne faut point donner tout à l'un, rien à l'autre, laisser pourrir les aliments ici, pendant qu'on meurt de faim là à côté. Oui, la corruption, l'égoïsme, ces hideuses maladies seront soignées et guéries. Le progrès a marché, il marche, il marchera jusqu'à ce que la grande société soit régénérée, réorganisée et assise sur une base plus large et plus solide. Au milieu d'un mouvement si grand, si profond, si continu, quand des Français, des Anglais, des Allemands, des Espagnols, des Italiens, des Polonais, des Russes même ! quand enfin des Européens, des Africains, des Asiatiques et des Américains se voient sans prévention ; quand des chrétiens, des juifs, des mahométans et ceux qui n'ont qu'un sentiment religieux sans culte extérieur, se voient, s'estiment réciproquement enfants du même Dieu ; quand un si beau mouvement se fait dans l'univers et entraîne tous les hommes les uns vers les autres et les force à s'aimer ; comment pourrions-nous, ouvriers laborieux et amis du progrès, y rester étrangers ? Cela ne se peut pas. Vous pensez, je le présume, que les hommes de couleur sont hommes comme les blancs ? Vous le pensez, n'est-ce pas ? répondez-moi, mes amis.

LA MOITIÉ DE L'ASSEMBLÉE.

Oui, nous le pensons.

ESPAGNOL.

Vous pensez aussi que chez les Anglais, qu chez les Italiens on trouve des hommes comm chez les Français ?

LES TROIS QUARTS DE L'ASSEMBLÉE.

Oui, nous pensons cela aussi.

ESPAGNOL.

Et ne pensez-vous pas que les pauvres sont hommes comme les riches ?

L'ASSEMBLÉE TOUT ENTIÈRE.

Pourquoi non ? Tous les hommes sont faits, dit-on, à l'image de Dieu.

ESPAGNOL.

En ce cas vous pensez que tous les membres de cette assemblée, que les ouvriers des divers états sont également hommes et ont les mêmes intérêts ?

TOUTE L'ASSEMBLÉE.

Cela va sans dire.

ESPAGNOL.

Pensez-vous que nous devons encore nous haïr et nous faire la guerre ?

L'ASSEMBLÉE ENTIÈRE.

Non.

ESPAGNOL.

Croyez-vous à la possibilité d'une paix et d'un rapprochement entre nous ?

L'ASSEMBLÉE ENTIÈRE.

Oui.

ESPAGNOL.

Comment devons-nous vivre désormais?

L'ASSEMBLÉE ENTIÈRE.

En frères.

ESPAGNOL.

Persévérez, mes chers pays, dans ces généreux sentiments, et nous serons un jour plus heureux, parce que nous serons plus dignes de l'être. »

Après les questions d'Espagnol l'Union et les réponses qui leur furent faites, il se fit un bruit sourd, confus, l'oreille ne comprit plus un mot. Mais les yeux virent des compagnons se serrer la main, d'autres s'embrasser avec transports. Un entraînement général, une joie peu commune régnaient dans l'assemblée, le bonheur était là. Le silence se rétablit enfin. Il ne fut pas besoin d'en dire davantage pour éclairer les esprits et détruire les préventions. Chaque membre de l'assemblée était devenu un partisan zélé, un propagateur enthousiaste des idées nouvelles et du rapprochement général. Un dernier discours fut néanmoins prononcé. Il sortit de la bouche d'un charpentier compagnon bon drille, nommé Breton Bras de Fer. Le voici.

« Mes pays et coteries, je crois, comme la plupart des compagnons qui se sont fait entendre, que, pour guérir le mal, il faut en effet le découvrir avec soin, mais sans fausse honte, et présenter un remède salutaire; or voici quelle est ma pensée. Il faut nous séparer, nous répandre sur tous les points de la France, et tenir à peu près, chacun à sa société, le langage suivant:—O ma Société, je t'ai servie longtemps, et tu sais que je n'ai jamais manqué de zèle, de franchise, ni de pureté; aucune tache ne salit ma vie! c'est pourquoi j'oserai te tenir un langage nouveau, mais vrai, et si tu sais en faire ton profit, de tous les services que j'ai pu te rendre, ce sera le plus grand. Ecoute :

« Tes ennemis ne sont point dans les diverses sociétés de n'importe quels corps d'états; ils sont dans ton sein; tes ennemis sont ceux qui, chargés du soin de te gouverner, de t'administrer, se livrent aux vices, et qui, sous divers prétextes, gaspillent tes finances et troublent ton harmonie.

« Tes ennemis sont ceux qui, froids et égoïstes, invoquent cependant ta bienfaisance, et qui, leurs besoins satisfaits, te méconnaissent et te calomnient.

« Tes ennemis sont ceux qui, sans foi, sans probité, sans pudeur, trompent journellement l'honnête homme qui les oblige, et s'en font une gloire scandaleuse. Le châtiment attaché à leurs méfaits retombe, rejaillit sur toi, et ternit ton éclat et ta considération.

« Tes ennemis sont ceux qui ne connaissant que la force brutale, la loi des tyrans, attaquent avec fureur tout compagnon qui n'est pas de leur Devoir, acte injuste et barbare, qui attire des représailles qui t'altèrent, qui t'aigrissent et te remplissent de désordre et de confusion.

« Tes ennemis sont ceux enfin qui, doués d'une certaine manie baroque, se livrent dans leurs chansons furibondes à des insultes, à des attaques grossières contre leurs adversaires qui, de leur côté, répondent par d'autres insultes de la même force et de la même valeur.

« Voilà la cause première du déréglement des esprits, des discordes, des guerres, des haines profondes qui ne s'éteignent point entre les sociétés ; et puis la plupart de ces fameux poëtes, après avoir ainsi prodigué l'insulte, après t'avoir célébrée avec beaucoup d'emphase, après t'avoir dévoué éternellement dans leur sublime galimatias et leur cœur et leur âme, te font banqueroute en se moquant de toi !

« Ouvre les yeux, ô ma Société, agis pour ta conservation ; sache que le mal produit le mal, que le bien engendre le bien. Poursuis courageusement, et coupe le mal dans sa racine. Alors tes mœurs deviendront nouvelles, deviendront pures ; ton existence s'embellira et n'aura plus de terme.

« Oui, dit le charpentier en élevant sa voix sonore et promenant un regard prophétique sur l'assemblée ; oui, quand les sociétés sauront distinguer leurs plus dangereux ennemis, quand elles sauront apprécier leurs véritables intérêts, elles ne tarderont pas à prendre une face nouvelle ; alors ces idées extravagantes qui troublent si souvent notre imagination s'effaceront pour faire place à des idées plus douces, plus utiles, plus simples, plus natu-relles : notre corps, notre esprit, notre moral y gagneront. L'instruction sera pour nous un besoin, un goût, une passion ; et quand après avoir fait notre tour de France nous rentre-rons dans nos familles, nos compatriotes diront: — C'est un compagnon; — ce qui voudra dire: C'est un homme qui sait travailler, raisonner et vivre, et l'on aimera le compagnon et le compagnonage qui l'aura formé. »

Le charpentier impressionna toute l'assem-blée, et il fut applaudi chaudement. Après ce discours les débats furent clos; on délibéra, et tout d'une voix on s'arrêta aux moyens qui parurent les plus convenables à la réus-site d'une entreprise si belle.

Là se termina cette grande conférence, cette espèce de congrès improvisé par le hasard, du-quel doit découler un bien incalculable sur le compagnonage.

On a fini par se séparer, par se répandre; on se dirige à la fois sur toutes les grandes villes de France ; sous peu les compagnons de Nantes, de Bordeaux, de Marseille, de Lyon entendront des voix fraternelles prononcer des mots d'humanité ; des germes de progrès

20

serontrépandus, et ne peuvent manquer tôt ou tard de se développer, de croître et de fructifier.

Les deux enfants du vieux père Tauret, Laurent et François, se sont rendus dans la Bourgogne auprès de leurs bons parents qu'ils n'avaient vus depuis longtemps. Mais ils l'ont promis, ils feront encore un petit voyage dans l'intérêt d'une juste cause, et certes ils ne se battront plus ; moi je suis rentré dans Paris, et logé dans un quartier où les bras ne reposent guère (le faubourg Saint-Antoine), j'ai rédigé le procès-verbal d'une assemblée mémorable ; je le livre à l'impression. Puissent les ouvriers le lire avec plaisir! et je promets bien de reprendre un jour la plume, non pour faire des phrases pures et élégantes, chose dont je me sens incapable, vu mon ignorance et mon peu d'habitude d'écrire, mais pour dire de bonnes vérités et opérer quelque bien, si cela m'est possible.

NOTES.

Des signes distincts, des marques non équivoques qui le frappent (voy. p. 208, lig. 28).

On sait qu'on voit beaucoup d'ouvriers, et surtout de maréchaux, couverts de tatouages.

Le tailleur de pierres dit que celui qui voyage attaché à une société a le sentiment de l'égalité, de la fraternité, etc. (*voy*. p. 218, lig. 23). On le voit, il ne voulut irriter personne, et n'eut pas tort. Mais comme toutes ses paroles ne peuvent s'appliquer à toutes les sociétés indistinctement, je veux les relever par un seul exemple. N'a-t-on pas vu le compagnon charpentier dire à son *renard*, qui est son semblable et néanmoins son esclave : Renard, va me chercher deux sous de tabac. — Renard, va m'allumer ma pipe. — Renard, verse à boire au compagnon. — Renard, etc. ce que le Renard fait ponctuellement et sérieusement, dans la pensée que lui, plus tard, lorsqu'il sera compagnon, fera subir les mêmes humiliations à d'autres. Ainsi d'esclave il deviendra tyran! Ce ne sont pas les charpentiers que je blâme ici, ce sont leurs vieilles coutumes, indignes de notre époque et de notre pays, indigne des charpentiers eux-mêmes ; car je l'avoue franchement, si on leur trouve une certaine rudesse, on leur trouve aussi de la probité, de la franchise, de la générosité. J'estime et je proclame une action qu'ils ont faite en commun. Les gens qui lisent les journaux auront pu rencontrer ce passage :

Les ouvriers charpentiers des faubourgs Saint-Martin et Saint-Denis donnent cinq cents francs pour les ouvriers malheureux de Lyon.

Ce qui prouve suffisamment qu'ils ont le cœur bon ; qu'ils sont travailleurs et économes, justice que je me plais à leur rendre ; puissent-ils s'apercevoir que le siècle marche, et marcher avec lui !

Je m'adresse à vous tous, ô ouvriers de la France et du monde entier. Comment pouvons-nous élever la voix contre ceux qui nous oppriment, si nous sommes nous-mêmes les oppresseurs de nos frères?

Si des maîtres, en se coalisant, conspirent contre les salaires des ouvriers, etc., (*voy.* p. 217 lig. 7.)

Les maîtres qui veulent diminuer les salaires des ouvriers n'entendent pas leurs véritables intérêts. Je vois que si les ouvriers en travaillant beaucoup ne gagnent plus leur misérable vie, les maîtres eux-mêmes (excepté ceux qui sont riches et qui spéculent sur la misère des autres) ne font plus leurs affaires, et le temps des banqueroutes est arrivé. On se fait concurrence d'ouvrier à ouvrier, de maître à maître, de peuple à peuple ; on travaille le jour, on travaille la nuit, et plus on travaille, plus les gains diminuent. J'examine si ceux qui estiment, qui proclament la concurrence acharnée de nos jours comme un signe de prospérité publique, se font concurrence entre eux ; je vois que non (je veux dire au moins que leur concurrence est plus fine, plus adroite que la nôtre); car les employés, les fonctionnaires qui touchaient, il y a huit ou neuf ans, des traitements de vingt, trente, quarante, cinquante mille francs et plus, touchent aujourd'hui les mêmes traitements : aucun rabais. Au contraire. Si cependant nous donnons en ce temps notre travail la moitié moins cher, ils dépensent la moitié moins pour se le procurer, et entassent par conséquent la moitié plus d'or. N'est-ce pas vrai ? Je ferai d'autres remarques : les productions de la main des hommes perdent du prix ; les productions de la nature gardent le leur. Oui, les bois, les fers, etc., se vendent ce qu'ils se vendaient autrefois, et ces mêmes objets façonnés se vendent moins qu'ils ne se sont jamais vendus. Pourquoi cela ? C'est facile à deviner. La façon est la propriété d'une classe. Les matières premières sont la propriété d'une autre classe ; l'une subit la loi sans la connaître, l'autre la fait et l'applique en connaissance de cause. Il arrive de là que les intérêts des uns sont méconnus, et que les intérêts des autres sont défendus de toute manière outre mesure. Aussi, chacun peut le voir, l'un des deux côtés se dégarnit, il n'y reste plus rien ; l'autre côté attire tout à lui, il absorbe tout. Il ne faut pas s'en étonner. Il ne peut en être autrement. Qu'est-ce qui protége les ouvriers ? Rien. La loi même, en bien des circonstances, n'est-elle pas plus rigoureuse * pour eux que pour les maîtres ?

* Article 414 du Code pénal : Toute coalition

20.

A qui profite cette inégalité? aux maîtres?
Non, car moins gagnent les ouvriers moins
gagnent les maîtres. A qui profitent donc toutes
les injustices tendant à abaisser et abaissant
réellement les salaires des ouvriers, à qui?
Je l'ai déjà fait comprendre ; à ceux qui con-
somment sans produire, à ceux-là seulement.
Je dirai donc qu'à cause d'une organisation
singulière, les choses descendent d'elles-mê-
mes, et l'on ne peut pas les faire remonter. Il
n'est pas permis aux ouvriers de s'entendre
pour soulever le fardeau qui les écrase. Les
maîtres * pèsent immédiatement sur eux,

entre ceux qui font travailler des ouvriers, tendant à
forcer injustement et abusivement l'abaissement des salaires, suivie d'une tentative ou d'un commencement
d'exécution, sera punie d'un emprisonnement de six
jours à un mois, et d'une amende de deux cents francs
à trois mille francs.

Art. 415. du Code pénal : Toute coalition de la part
des ouvriers pour faire cesser en même temps de travailler, interdire le travail dans un atelier, empêcher
de s'y rendre et d'y rester avant ou après de certaines
heures, et en général pour suspendre, empêcher, en-
chérir les travaux, s'il y a eu tentative ou commencement d'exécution, sera punie d'un emprisonnement
d'un mois au moins et de trois mois au plus.

Les chefs ou moteurs seront punis d'un emprisonnement de deux à cinq ans, et ils pourront, après l'expiration
de leur peine, être mis sous la surveillance de la haute
police pendant deux ans au moins et cinq ans au plus.

* J'appelle maîtres ceux qui occupent les ouvriers
en faisant fabriquer; marchands, ceux qui achètent aux

les marchands sur les maîtres, les bourgeois sur les marchands. On s'empile, on s'entasse les uns sur les autres, et tout le monde enfin, dans cette position forcée, manque d'air et se sent oppressé. Si les ouvriers pouvaient résister aux maîtres, les maîtres, à leur tour, pourraient résister aux marchands, les marchands aux bourgeois, ce qui donnerait plus d'aise, plus de mouvement dans les rangs de la société, et principalement dans les rangs inférieurs, qui sont les plus forts, mais dont les charges aussi deviennent par trop lourdes. Si les choses étaient mieux organisées, si le travail des hommes qui fatiguent le plus était mieux rétribué, l'argent enfoui, l'argent que l'on ne voit plus, descendrait forcément un peu plus bas ; le commerce en serait alimenté, et tous y trouveraient leur compte ; car ce long croupissement d'une partie de la société répand une odeur fétide qui n'annonce rien de bon. Il est temps d'y porter remède. Depuis quelques années les travailleurs gagnent à peine leur nourriture, et naturellement ils ont besoin de vêtement, ils ont besoin de linge, ils ont besoin de meubles, ils ont enfin besoin de tout ; car leurs ménages sont nus et délabrés. Que l'on fasse en sorte que la main-

maîtres et tiennent magasin soit de meubles, soit d'autres choses pour les revendre ; bourgeois, les rentiers ou autres qui achètent pour leur usage et pour leur consommation.

d'œuvre soit payée à sa juste valeur, et chaque travailleur avec ses économies fera travailler d'autres travailleurs. Les besoins pouvant être satisfaits, la consommation deviendra plus grande et plus générale ; les marchandises accumulées qui moisissent et dépérissent dans les magasins seront agitées; elles prendront un cours par toutes les voies pour se répandre dans toutes les localités, chez tous les individus. Ce marasme sans fin, qu'on s'obstine à nommer une crise commerciale, disparaîtra, et le peuple, après bien des souffrances, aura retrouvé ce temps meilleur, objet de ses désirs. Mais peut-on résoudre avec bonheur ce qu'on étudie sans intérêt et sans aptitude ? Cherche-t-on sérieusement à porter un remède efficace à un mal déjà bien grand, et qui s'accroît et s'aggrave toujours ? Non, on fait des discours où les paroles sont artistement arrangées ; on parle, voilà tout. Ce n'est pas avec des paroles que l'on peut guérir de graves maladies ; il faut plus que cela. O vous qui gouvernez les peuples, pensez aux travailleurs, ne les réduisez pas à l'alternative ou de mourir de faim ou de se soulever. S'ils mouraient de faim, qui vous nourrirait ? S'ils se soulevaient, si leur courroux venait à éclater, qu'en résulterait-il ? Dans les deux cas vous ne pouvez que perdre. Donc pensez aux travailleurs; ils souffrent beaucoup, et dans leurs douleurs ils se disent : « Il n'y a pas de guerres ruineuses, il n'y

a pas d'épidémies destructives ; les productions
et la terre n'ont pas été ravagées par les orages
et les tempêtes ; les récoltes en blés, en vins,
ont été abondantes depuis nombre d'années;
nous sommes laborieux , nous sommes économes, et nous manquons de tout ! Pourquoi
cela, d'où provient tant de misère, où est la
cause du malaise qui nous tue ? » Ainsi se
plaignent les travailleurs. Oh! pensez à eux, ils
souffrent beaucoup.

Quand des Français, des Anglais, etc., (*voy.*
page 228, lig. 8.)

Espagnol l'Union veut faire sentir que chaque pays produit des hommes de cœur et de
génie; je comprends parfaitement son intention, et je crois lui venir en aide, en offrant le
tableau suivant.

Abailard, théologien philosophe; Louis XII,
roi appelé le Père du Peuple; Calvin, réformateur; Descartes , philosophe, mathématicien,
physicien et astronome ; Pascal, moraliste et
mathématicien ; Corneille , Racine , fameux
poëtes tragiques; Molière, profond auteur de
comédies et comédien; La Fontaine, bonhomme
dont les écrits gracieux sont pleins d'audace et
de malice; Turenne, Vauban, Catinat, braves
généraux ; Bossuet, Fléchier, Massillon, pré-
dicateurs célèbres et grands écrivains; Féne-
lon, l'ami de l'humanité, l'auteur de *Télé-
maque;* Le Poussin , Mignard, Vernet, peintres; Mansard, Perrault, architectes; Girardon,

Jean Goujon, le Puget, sculpteurs; Montesquieu, grand jurisconsulte, écrivain philosophe; Voltaire, l'Encyclopédie vivante, possédant à la fois tous les genres d'écrire; Buffon, Lacépède, naturalistes; Vaucanson, mécanicien; Roubo, fameux menuisier; l'abbé de l'Epée, Sicard, célèbres instituteurs des Sourds-Muets; Montgolfier, physicien, chimiste, inventeur des ballons; Mirabeau, grand orateur; Bonaparte, le plus grand génie des temps modernes; Carnot, ministre, général et tribun dévoué au peuple; Bichat, Broussais, réformateurs de la médecine; Bernardin de Saint-Pierre, naturaliste, et surtout écrivain poétique et touchant; Laplace, Lagrange, mathématiciens; Lavoisier, Bertholet, chimistes; Monthyon, Larochefoucault-Liancourt, philanthropes; Saint-Simon, Bazard, Fourrier, réformateurs; Monge, mathématicien, créateur de la géométrie descriptive; Jussieu, botaniste; La Fayette, ami de la liberté des peuples; Chénier, Ducis, poëtes tragiques; Talma, tragédien; Manuel, orateur, symbole du courage civil; Cuvier, Geoffroi-Saint-Hilaire, naturalistes; David, Delacroix, peintres; Chateaubriand, grand littérateur, auteur des *Martyrs* et du *Génie du Christianisme*; Casimir Delavigne, poëte tragique; Victor Hugo, poëte lyrique et dramatique fougueux, et quelquefois sublime; Lamartine, poëte épique, dont l'imagination n'a pas de bornes; Béranger, poëte lyrique, dont les chansons sont des odes ; Berryer, orateur qui pourrait être un Démosthènes ; Garnier Pagès, notre avocat à nous, Arago, astronome, qui tout en s'occupant des cieux, ne perd pas de vue la terre ; Lamennais, auteur des *Paroles d'un Croyant* et du *Livre du Peuple,* où la prose est vraiment de la poésie ; Nicod, Michel de Bourges, Dupont, les Ledru, Favre, avocats éloquents et à principes, ce qui est rare ; Thénard, Gay-Lussac, Dumas, chimistes ; Raspail, chimiste, naturaliste et homme politique ; Berthaud, le poëte des pauvres ; Pyat, Luchet, hommes plus de fond que de forme, dont la plume puissante plaide en faveur des malheureux de ce monde ; Hégésippe Moreau, ouvrier imprimeur, grand poëte que la tristesse a tué ; David, sculpteur, dont le ciseau populaire fait l'apothéose du mérite et de la vertu seulement ; Berlioz, musicien ; Lallemand de Montpellier, Bouillaud, médecins ; Sénard, l'aigle du barreau rouennais; Pierre Leroux, écrivain laborieux et désintéressé, dont les travaux philosophiques préparent l'avenir ; Louis Blanc, jeune publiciste qui s'élèvera à la hauteur d'Armand Carrel, et qui descend plus profond dans le chaos social pour en faire jaillir quelque chose d'utile à la multitude ; Cormenin, dont la plume est un pinceau, etc., sont nés en France.

Bacon, savant ; Cromwell, usurpateur, génie audacieux et puissant ; Shakespeare, poëte

tragique, dont les compositions énergiques
font frémir ; Milton, poëte sublime au-dessus
de toute expression , *le Paradis perdu* est son
œuvre ; Newton, savant mathématicien, grand
astronome ; Addison, Pope, Dryden, poëtes ;
William Penn, philosophe, législateur de la
Pensylvanie ; Locke, philosophe ; Chatterton,
poëte mort comme Hégésippe ; Cook, navigateur qui fit trois fois le tour du monde ;
Jenner, médecin, à qui on doit la découverte
de la vaccine ; Young, poëte, auteur des *Nuits ;*
Fox, homme d'Etat, orateur immense; Watt,
mécanicien ; Jérémie Bentham, William Cob-
bet, publicistes radicaux; Walter Scott, romancier naturel et fécond ; lord Byron, poëte d'une
énergie sombre et effrayante ; lord Brougham,
homme de savoir et d'esprit; O'Connell, orateur
dont la voix puissante agite à volonté toutes
les classes du peuple, etc., etc., sont nés en
Angleterre.

Guttemberg, inventeur de l'imprimerie ;
Luther, réformateur ; Leibnitz, philosophe et
mathématicien; Kleper, Muller, Herschell,
astronomes; Klein, naturaliste ; Kant, méta-
physicien ; Wieland, Klopstock, grands poëtes ;
Winkelmann, savant; Schlegel, philosophe ;
Mozart, musicien ; Goëthe, poëte et littérateur ; Gall, médecin, inventeur de la phréno-
logie ; Schiller, poëte vrai, énergique, sublime,
grand auteur dramatique ; Tieck, autre poëte ;

Meyerbeer, musicien, etc., etc., sont nés en Allemagne.

Averrhoës, médecin, philosophe; le Cid, Gonzalve de Cordoue, Gusman, hommes de guerre; Barthélemi de Las Casas, missionnaire, ami des hommes; Ribera, peintre illustre; Alphonse X, roi philosophe et astronome; don Alonzo d'Ercilla, poëte épique, auteur de *l'Araucana;* Lope de Vega, poëte épique et dramatique; Calderon de la Barca, poëte dramatique prodigieux; Cervantes Saavedra, célèbre écrivain, auteur de *Don Quichotte,* livre où on croit voir tout ce qui y est décrit; Velasquez, peintre fameux; Riego, héros martyr de la liberté; Mina, guerrier intrépide et libérateur; Arguelles, orateur; le malheureux Torrijos, etc., etc., sont nés en Espagne.

Rienzi, orateur, libérateur: le Dante, poëte, auteur de la *divine Comédie;* Pétrarque, poëte, chantre de la Fontaine de Vaucluse et de Laure; l'Arioste, poëte dont l'imagination créa le *Roland furieux;* le Tasse, le plus grand poëte de son temps, auteur de *la Jérusalem Délivrée;* Boccace, dont la prose est riche et l'imagination féconde; Christophe Colomb, navigateur, qui découvrit l'Amérique; Galilée, astronome, qui le premier dit: La terre tourne; Machiavel, écrivain politique; Raphaël, les Carache, le Titien, le Guide, le Dominiquin, l'Albane, Paul Véronèse, peintres célèbres;

Michel-Ange Buonarotti, peintre, architecte, sculpteur et poëte : on lui doit les plus grandes beautés de l'église Saint-Pierre de Rome ; Bramante, Vignole, architectes célèbres ; Toricelli, géomètre, physicien ; Volta, célèbre physicien ; Galvani, physicien et médecin ; Alfieri, poëte tragique ; Casanova, sculpteur ; Buonarotti, descendant de Michel - Ange, homme politique ; Rossini, Paganini, Rubini, grands musiciens, etc., sont nés en Italie.

Enfin, pour abréger, je dirai : L'Europe a produit Ticho-Brahé, astronome ; Luther, réformateur ; Boherraave, médecin ; Le Camoëns, poëte, auteur de la *Lusiade ;* Guillaume Tell, libérateur ; Copernic, astronome ; Jean-Jacques Rousseau, homme et écrivain extraordinaire ; Kosciuszko, libérateur ; et dans des temps plus anciens, Marc-Aurèle, Antonin, Trajan, empereurs ; Sénèque, philosophe ; Lucain, Horace, Virgile, Lucrèce, poëtes ; César, génie éloquent et guerrier ; Cicéron, orateur ; Spartacus, libérateur ; les Gracques, tribuns du peuple ; Archimède, géomètre et mécanicien ; Euclide, mathématicien ; Pindare, poëte lyrique ; Démosthènes, orateur ; Alexandre, conquérant ; Platon, Aristote, philosophes ; Eschyle, Euripide, Sophocle, créateurs de la tragédie ; Socrate, estimé le plus sage des hommes ; Solon, philosophe, législateur ; Cimon, Aristobule, Léonidas, généreux guerriers; Homère, le plus grand poëte de l'univers.

L'Asie a produit Zoroastre, législateur des mages; Moïse, législateur des Juifs; Confucius, grand philosophe; David, Salomon, Cyrus, Porus, Darius, rois célèbres; Jésus-Christ, fondateur du christianisme, qui renferme tant de choses dans ces mots : « Tous les hommes sont également composés de chair et d'os; Le premier est le serviteur des autres; Aimez-vous les uns les autres; Faites à autrui ce que vous voulez qu'il vous soit fait à vous-mêmes, etc. ; » Mahomet, orateur, poëte et guerrier, fondateur du mahométisme; Avicenne, médecin; Abdérame, général; Tamerlan, Gengis-Kan, héros célèbres, etc.

L'Afrique a produit Sésostris, roi conquérant; Asdrubal, Amilcar, Annibal, grands héros; Jugurtha, brave Numide; Ptolomée, astronome, inventeur d'un système astronomique; Origène, Photin, Tertullien, savants pères de l'Église; Capitain, nègre d'un grand talent; Méhémet-Ali et son fils adoptif Ibrahim, adroits et braves guerriers, réformateurs d'un peuple en décadence depuis longtemps, etc.

L'Amérique a produit Washington, général libérateur; Franklin, homme d'état, philosophe, savant à qui l'on doit les paratonnerres; Fulton inventeur des bateaux à vapeur; Ritten-

House, astronome ; Bolivar, général libérateur, puis dictateur ; Toussaint-Louverture, général nègre qui combattit pour l'indépendance des nègres ses frères ; Fenimore Cooper, romancier ; Papineau, orateur libérateur, etc.

Si j'avais voulu mentionner des femmes, j'aurais cité des Sémiramis, assyrienne ; des Arthémise, des Sapho, des Corinne, grecques; des Lucrèce, des Cornélie, romaines ; des Isabelle, espagnole ; des Elisabeth, anglaise ; des Marie-Thérèse, autrichienne ; des Catherine, russe ; des Marguerite d'Anjou, des Jeanne d'Arc, des Staël, des George-Sand., françaises, etc.

Cette liste, quoique incomplète, pourra néanmoins faire comprendre qu'il ne faut pas avoir de la prétention contre les pays, puisque dans chacun d'eux sont nés d'aussi grands hommes et des femmes si justement célèbres.

Tes ennemis sont ceux qui, chargés du soin de te gouverner, de t'administrer, se livrent aux vices, voyez page 231 lig. 14.

Le tailleur de pierres et le charpentier paraissent se contredire. Le premier exalte le mérite des chefs que les Sociétés se donnent, et je conviens que leurs choix sont rarement mauvais : le second n'envisage pas les choses au même point de vue, et signale les mauvais chefs (car il s'en rencontre quelquefois) comme les plus grands ennemis des Sociétés qu'ils gouvernent. Je suis persuadé qu'en ceci le tailleur de pierres ne pense pas différemment que le charpentier. Si l'on saisit bien leurs pensées, la contradiction n'existe plus.

Je le livre à l'impression. Puissent les ouvriers le lire avec plaisir, et je promets bien de reprendre un jour la plume, non pour faire des phrases pures et élégantes, voyez page 234 ligne 13.

Il me semble déjà entendre cette exclamation : Ah ! reprendre un jour la plume ? Un ouvrier ! un Compagnon ! un menuisier ! Fi !... Ne ferait-il pas mieux de prendre son rabot et de raboter toujours ? — Doucement, s'il vous plaît, gens inhumains ! Raboter toujours ! Je suis de chair et d'os, et la machine mal entretenue se disloque facilement ! J'en ai l'expérience. Mais, malgré cela, croyez-le, je rabote comme un homme, comme un autre enfin ; demandez à celui qui m'occupe s'il est content de ma besogne ! Pourtant, je l'avoue, le rabot à la main, je pense, je médite, je prévois, et, comme j'ai souvent vu mes prévisions se réaliser, je me suis dis : Tu penses assez juste ; tu allais peu au cabaret, n'y va plus ! Emploie tes courts instants de repos à écrire, cela distrait et ne coûte rien, c'est ce qu'il faut, on gagne si peu à présent ! — Ecrire ! est-ce que je sais ? — Qu'importe, écris tout de même, dis ce que tu penses ; si les ouvriers te comprennent et disent : C'est cela, c'est bien cela ! que te faut-il de plus ? — Rien. — Ah ! si tu savais le latin, le grec, l'hébreu, le chaldéen comme un fameux docteur qui disait il y a quelques jours des choses si belles, si sublimes, si hautes, si profondes ! Oh ! quelles phrases ! oh ! quelles périodes ! On était saisi, confondu, on ne savait plus ni d'où l'on venait, ni par où on allait..... Quel malheur que tu ne sois pas un savant, va ! Tu aurais fait merveille ! Mais après tout, console-toi, écris, parle comme on parle ; on ne t'en comprendra que mieux. — Eh bien, oui, c'est décidé, résolu ; oui, j'écrirai ! Ouvrier, je parlerai le langage des ouvriers ; les ouvriers me comprendront, d'autres aussi peut-être ? Ainsi donc, mes amis, comptez sur moi : je ne fais pas de serment, à quoi servent les serments ? Mais quand j'ai dit, c'est bien dit.

FIN.

TABLE.

—

FIN DE LA TABLE.

www.ingramcontent.com/pod-product-compliance
Lightning Source LLC
Chambersburg PA
CBHW070809270326
41927CB00010B/2358